Moralische Grundsätze in der Erziehung

John Dewey war einer der führenden amerikanischen Philosophen und Pädagogen des 20. Jahrhunderts. Er wurde am 20. Oktober 1859 in Burlington, Vermont, geboren und studierte Philosophie und Pädagogik an mehreren Universitäten, unter anderem an der Johns Hopkins University.

Er war ein Verfechter des Pragmatismus und vertrat die Ansicht, dass Wissen und Erfahrung immer im Kontext von Handlungen und Zielen zu verstehen sind. Seine Ideen hatten einen tiefgreifenden Einfluss auf die Pädagogik und die Erziehungswissenschaft, und er befürwortete einen forschenden und erfahrungsorientierten Ansatz für den Unterricht.

Dewey lehrte an mehreren Universitäten, unter anderem an der University of Michigan und der Columbia University, und veröffentlichte zahlreiche Bücher, darunter *Democracy and Education* (1916) und *Experience and Education* (1938).

Er starb am 1. Juni 1952 in New York City. Bis heute werden seine Beiträge zur Philosophie und Bildung geschätzt, und seine Ideen haben weiterhin Einfluss auf die Bildungspolitik und -praxis.

Über das Buch:

Das Buch "Moralische Grundsätze in der Erziehung und das Kind und der Lehrplan" erklärt Ihnen auf einfache Weise, wie moralische Werte in die Erziehung integriert werden können, warum sie so wichtig sind und was Sie alles beachten müssen. Der Autor vermittelt nicht nur theoretisches Wissen, sondern gibt auch viele praktische Tipps und Beispiele für den Alltag. Sichern Sie Ihren Kindern jetzt eine solide moralische Grundlage für ihr zukünftiges Leben - ein muss für Eltern, Pädagogen oder Erzieher!

MORALISCHE GRUNDSÄTZE IN DER ERZIEHUNG

UND
DAS KIND UND DER LEHRPLAN

VON
JOHN DEWEY

PROFESSOR FÜR PHILOSOPHIE AN DER

COLUMBIA UNIVERSITÄT

URSPRÜNGLICHE HERAUSGEGEBEN:
HOUGHTON MIFFLIN GESELLSCHAFT
BOSTON - NEW YORK - CHICAGO - DALLAS
SAN FRANCISCO

Neuübersetzung 2023

ToppBook Wissen Bd. 68

Bibliografische Informationen der Deutschen Nationalbibliothek:
Die Deutsche Nationalbibliothek verzeichnet diese Publikation in der
Deutschen Nationalbibliografie; detaillierte bibliografische Daten
sind im Internet über dnb.dnb.de abrufbar

Herstellung und Verlag: BoD - Books on Demand, Norderstedt

ISBN: 978-3-7392-0611-0

Inhaltsverzeichnis

EINFÜHRUNG

Bildung als öffentliche Aufgabe

DER Schulmeister beklagt sich unter anderem darüber, dass die Öffentlichkeit seiner Berufsmeinung nicht so viel Gehör schenkt wie den Praktikern anderer Berufe. Auf den ersten Blick könnte man meinen, dass dies auf einen Mangel in der Öffentlichkeit oder im Beruf hindeutet; eine umfassendere Betrachtung der Situation legt jedoch nahe, dass eine solche Schlussfolgerung nicht notwendig ist. Das Verhältnis der Erziehung zur Öffentlichkeit ist anders als bei jeder anderen beruflichen Tätigkeit. Die Erziehung ist bei uns eine öffentliche Angelegenheit, in einem Sinne, wie es der Schutz und die Wiederherstellung der persönlichen Gesundheit oder der gesetzlichen Rechte nicht sind. Wie keine andere Institution, mit Ausnahme des Staates selbst, hat die Schule die Macht, die soziale Ordnung zu verändern. Und in unserem politischen System hat jeder Einzelne das Recht, bei der Gestaltung der Sozialpolitik mitzubestimmen, so wie er auch bei der Festlegung der politischen Angelegenheiten eine Stimme hat. Wenn dies wahr ist, ist Bildung in erster Linie eine öffentliche Angelegenheit und erst in zweiter Linie eine spezialisierte Berufung. Der Laie wird also immer das Recht haben, sich über den Betrieb der öffentlichen Schulen zu äußern.

Bildung als Expertendienstleistung

Ich habe "einige Äußerungen" gesagt, aber nicht "alle"; denn die Schulleitung hat ihre eigenen besonderen Geheimnisse, ihr eigenes Wissen und Können, in das der ungeschulte Laie nicht eindringen kann. Wir fangen gerade an zu erkennen, dass die Schule und die Regierung in dieser Hinsicht ein gemeinsames Problem haben. Bildung und Politik sind zwei Funktionen, die grundlegend von der öffentlichen Meinung kontrolliert werden. Der offensichtliche Mangel an Effizienz und Sparsamkeit in der Schule und im Staat hat uns jedoch die Notwendigkeit eines größeren Bedarfs an fachkundigen Dienstleistungen vor Augen geführt. Aber wo soll sich die öffentliche Meinung in angemessener Weise äußern, und was soll dem Urteil von Experten überlassen werden?

Das Verhältnis von Expertenmeinung und öffentlicher Meinung

Soweit es um die Festlegung der allgemeinen Politik und der endgültigen Ziele geht, die das Wohlergehen aller betreffen, kann die Öffentlichkeit durchaus ihr Recht in Anspruch nehmen, Fragen durch die Abstimmung oder die Stimme von Mehrheiten zu regeln. Aber die Auswahl und Verfolgung der detaillierten Mittel und Wege, mit denen der öffentliche Wille effizient umgesetzt werden soll, muss weitgehend eine Angelegenheit von Fachleuten und Experten bleiben. Die Öffentlichkeit kann sich durchaus auf das hier erforderliche überlegene Wissen und die Technik verlassen.

Bei der Leitung der Schulen ist es gut, wenn die Bürger die ihnen angemessenen Ziele bestimmen, und es ist ihr Vorrecht, über die Wirksamkeit der Ergebnisse zu urteilen. In Fragen, die all die vielfältigen Einzelheiten betreffen, durch die Kinder in wünschenswerte Typen von Männern und Frauen umgewandelt werden sollen, sollte der erfahrene Schulmeister maßgebend sein, zumindest in einem Maß, das seinem überlegenen Wissen über dieses sehr komplexe Problem entspricht. Die Verwaltung der Schulen, die Festlegung des Lehrplans, die Auswahl der Texte, die Vorgabe der Lehrmethoden - das sind Angelegenheiten, mit denen sich das Volk oder seine Vertreter in den Bildungsausschüssen nur auf die Gefahr hin befassen können, zu bloßen Einmischern zu werden.

Die Diskussion über die moralische Erziehung - ein Beispiel für die falschen Ansichten von Laien

Nirgends wird die Gültigkeit dieser Unterscheidung zwischen der Erziehung als öffentlichem Geschäft und der Erziehung als fachlicher Dienstleistung deutlicher als bei der Analyse der öffentlichen Diskussion über die moralische Arbeit der Schule. Wie oft hat man in letzter Zeit in Unkenntnis des besonderen Charakters der Schule die sittlichen Ziele der Erziehung proklamiert und zugleich den direkten ethischen Unterricht als die besondere Methode zu ihrer Verwirklichung gefordert! Und dies, obwohl diejenigen, die die Möglichkeiten und Grenzen des Instruments Unterricht am besten kennen, immer wieder auf die Vergeblichkeit der Annahme hingewiesen haben, dass die Kenntnis des Rechts eine Garantie für das richtige Handeln sei. Wie häufig gehen diejenigen, die behaupten, Bildung diene der sozialen Effizienz, davon aus, dass die Schule zu der kargen Disziplin der traditionellen formalen Fächer, des Lesens, Schreibens und der übrigen Fächer zurückkehren sollte! Und dies ungeachtet der Tatsache, dass es ein Jahrhundert der pädagogischen Entwicklung gebraucht hat, um den Unterricht abwechslungsreich und reichhaltig genug zu gestalten, um die Impulse und Aktivitäten des sozialen Lebens zu fördern, die das Kind ausbilden muss. Und wie viele, die in glühendem Ton von den großen Leistungen der öffentlichen Schulen für eine Demokratie freier und selbständiger Menschen sprechen, wenden sich zynisch und sogar vehement gegen die "Selbstverwaltung der Schulen"! Sie wollen nicht, dass die Kinder lernen, sich selbst und einander zu regieren, sondern dass die Lehrer sie regieren, wobei sie die Tatsache ignorieren, dass diese gängige Praxis in der Kindheit die Grundlage für jenen üblen Zustand in der erwachsenen Gesellschaft sein kann, in der die Bürger willkürlich von politischen Chefs regiert werden.

Man braucht keine weiteren Beispiele für die Unfähigkeit der Laien, sich mit technischen Fragen der Schulmethoden zu befassen, anzuführen. Es gibt zahlreiche Beispiele, die zeigen, dass wohlmeinende Menschen, die kompetent genug sind, um die Ziele und Ergebnisse der schulischen Arbeit zu beurteilen, einen Fehler begehen, wenn sie auf dem Vorrecht bestehen, die technischen Aspekte der Bildung mit einem Dogmatismus zu leiten, der ihre Äußerungen zu keinem anderen speziellen Wissens- oder Handlungsbereich kennzeichnen würde.

Ein grundlegendes Verständnis der moralischen Grundsätze in der Erziehung

Nichts kann nützlicher sein, als wenn die Öffentlichkeit und der Lehrerberuf ihre jeweiligen Aufgaben verstehen. Der Lehrer muss die öffentliche Meinung und die gesellschaftliche Ordnung ebenso verstehen, wie die Öffentlichkeit das Wesen des pädagogischen Fachdienstes begreifen muss. Es wird Zeit brauchen, um die Grenzen zu ziehen, die zu Respekt, Zurückhaltung und Effizienz bei den Beteiligten führen; aber ein Anfang kann in grundlegenden Fragen gemacht werden, und nichts berührt die Grundlagen unseres pädagogischen Denkens so sehr wie eine Diskussion über die moralischen Prinzipien in der Erziehung.

Es ist uns ein Vergnügen, eine Abhandlung über sie von einem Denker vorzulegen, dessen entscheidender Einfluss auf die Reform der Schulmethoden größer ist als der eines jeden seiner Zeitgenossen. In seiner Erörterung der sozialen und psychologischen Faktoren bei der moralischen Erziehung gibt es vieles, was darauf hinweist, was die gesellschaftliche Meinung bestimmen sollte, und vieles, was darauf hinweist, was dem ausgebildeten Lehrer und Schulbeamten überlassen werden muss.

I
DAS MORALISCHE ZIEL DER SCHULE

EIN zeitgenössischer englischer Philosoph hat auf den Unterschied zwischen moralischen Ideen und Ideen über die Moral aufmerksam gemacht. "Moralische Ideen" sind Ideen jedweder Art, die sich auf das Verhalten auswirken und es verbessern, es besser machen, als es sonst sein würde. In ähnlicher Weise kann man sagen, dass unmoralische Ideen Ideen jeglicher Art sind (ob arithmetisch oder geographisch oder physiologisch), die sich darin zeigen, dass sie das Verhalten schlechter machen, als es sonst wäre; und nicht-moralische Ideen, kann man sagen, sind solche Ideen und Informationen, die das Verhalten weder zum Besseren noch zum Schlechteren beeinflussen. Nun können "Ideen über Moral" moralisch indifferent, unmoralisch oder moralisch sein. Es liegt nicht in der Natur von Ideen *über* Moral, von Informationen *über* Ehrlichkeit oder Reinheit oder Freundlichkeit, die solche Ideen automatisch in einen guten Charakter oder ein gutes Verhalten umwandeln.

Diese Unterscheidung zwischen moralischen Ideen, Ideen jeglicher Art, die zu einem Teil des Charakters und damit zu einem Teil der wirkenden Motive des Verhaltens geworden sind, und Ideen *über* moralisches Handeln, die so träge und unwirksam bleiben können, als wären sie so viel Wissen über ägyptische Archäologie, ist grundlegend für die Diskussion über moralische Erziehung. Die Aufgabe des Erziehers - ob Elternteil oder Lehrer - besteht darin, dafür zu sorgen, dass die größtmögliche Anzahl von Ideen, die Kinder und Jugendliche erwerben, so lebendig werden, dass sie zu *be-*

wegenden Ideen, zu Triebkräften für die Führung des Verhaltens werden. Diese Forderung und diese Möglichkeit machen das sittliche Ziel universell und beherrschend in jedem Unterricht, gleichgültig, um welches Thema es sich handelt. Gäbe es diese Möglichkeit nicht, so wäre die bekannte Behauptung, das Ziel aller Erziehung sei die Charakterbildung, eine heuchlerische Verstellung; denn wie jeder weiß, muss die direkte und unmittelbare Aufmerksamkeit von Lehrern und Schülern den größten Teil der Zeit auf intellektuelle Dinge gerichtet sein. Es kommt nicht in Frage, direkte moralische Überlegungen ständig in den Vordergrund zu stellen. Aber es ist nicht ausgeschlossen, sich darum zu bemühen, die Methoden des Lernens, des Erwerbs intellektueller Fähigkeiten und der Aneignung des Stoffes so zu gestalten, dass sie das Verhalten aufgeklärter, konsequenter und kräftiger machen, als es sonst der Fall wäre.

Die gleiche Unterscheidung zwischen "moralischen Ideen" und "Ideen über Moral" erklärt für uns eine Quelle ständiger Missverständnisse zwischen Lehrern in den Schulen und Kritikern der Bildung außerhalb der Schulen. Letztere schauen sich die Schulprogramme, die Lehrpläne der Schulen an und finden keinen Platz für den Ethikunterricht oder die "moralische Lehre". Dann behaupten sie, dass die Schulen nichts oder so gut wie nichts für die Charakterbildung tun; sie werden nachdrücklich, ja vehement, über die moralischen Mängel der öffentlichen Bildung. Die Lehrer hingegen empören sich über diese Kritik als Ungerechtigkeit und behaupten nicht nur, dass sie "Moral lehren", sondern dass sie sie jeden Augenblick des Tages, fünf Tage in der Woche, lehren. Mit dieser Behauptung sind die Lehrer *im Prinzip* im Recht; wenn sie im Unrecht sind, dann nicht, weil keine besonderen Zeiten für das vorgesehen sind, was schließlich nur ein Unterricht *über* Moral sein kann, sondern weil ihr eigener Charakter oder ihre Schulatmosphäre und ihre Ideale oder ihre Unterrichtsmethoden oder der Unterrichtsstoff, den sie unterrichten, *im Einzelnen* nicht so beschaffen sind, dass sie die intellektuellen Ergebnisse in eine lebendige Verbindung mit dem Charakter bringen, so dass sie zu wirkenden Kräften im Verhalten werden. Ohne daher die Grenzen oder den Wert der so genannten direkten moralischen Unterweisung (oder besser der Unterweisung *über die* Moral) zu erörtern, kann als grundlegend festgehalten werden, dass der Einfluss der direkten moralischen Unterweisung, selbst in ihrer besten Form, *vergleichsweise* klein und gering ist, wenn man den gesamten Bereich des moralischen Wachstums durch die Erziehung in Betracht zieht. Dieser größere Bereich der indirekten und lebenswichtigen moralischen Erziehung, die Entwicklung des Charakters durch alle Agenturen, Instrumente und Materialien des Schullebens, ist daher der Gegenstand unserer heutigen Diskussion.

II
DIE MORALISCHE ERZIEHUNG IN DER SCHULGEMEINSCHAFT

Es kann nicht zwei Arten von ethischen Grundsätzen geben, einen für das Leben in der Schule und einen anderen für das Leben außerhalb der Schule. So wie das Verhalten eins ist, so sind auch die Prinzipien des Verhaltens eins. Die Tendenz, über die Moral der Schule zu diskutieren, als ob die Schule eine Institution für sich wäre, ist höchst unglücklich. Die moralische Verantwortung der Schule und derjenigen, die sie leiten, liegt bei der Gesellschaft. Die Schule ist im Grunde eine Institution, die von der Gesellschaft errichtet wurde, um eine bestimmte Aufgabe zu erfüllen, um eine bestimmte Funktion bei der Aufrechterhaltung des Lebens und der Förderung des Wohlergehens der Gesellschaft auszuüben. Das Bildungssystem, das nicht erkennt, dass diese Tatsache eine ethische Verantwortung mit sich bringt, ist ein Versager und ein Versäumnis. Es tut nicht das, wozu es ins Leben gerufen wurde und was es zu tun vorgibt. Die gesamte Struktur der Schule im Allgemeinen und ihr konkretes Wirken im Besonderen muss daher von Zeit zu Zeit im Hinblick auf die gesellschaftliche Stellung und Funktion der Schule überprüft werden.

Der Gedanke, dass die moralische Arbeit und der Wert des öffentlichen Schulsystems als Ganzes an seinem sozialen Wert zu messen sind, ist in der Tat eine bekannte Vorstellung. Er wird jedoch häufig zu eng und starr ausgelegt. Die soziale Arbeit der Schule wird oft auf die Erziehung zur Staatsbürgerschaft beschränkt, und die

Staatsbürgerschaft wird dann in einem engen Sinne interpretiert, nämlich als die Fähigkeit, intelligent zu wählen, die Bereitschaft, Gesetze zu befolgen, usw. Aber es ist sinnlos, die ethische Verantwortung der Schule auf diese Weise zu verengen und zu verkrampfen. Das Kind ist eins, und es muss entweder sein soziales Leben als ein integrales, einheitliches Wesen leben, oder es muss Verluste erleiden und Reibungen verursachen. Eine der vielen sozialen Beziehungen, die das Kind hat, herauszugreifen und die Arbeit der Schule allein dadurch zu definieren, ist so, als würde man ein umfangreiches und kompliziertes System der körperlichen Ertüchtigung einführen, das nur die Entwicklung der Lunge und der Atemkraft zum Ziel hat, unabhängig von anderen Organen und Funktionen. Das Kind ist ein organisches Ganzes, sowohl intellektuell, sozial und moralisch als auch körperlich. Wir müssen das Kind als Mitglied der Gesellschaft im weitesten Sinne begreifen und von der Schule alles verlangen, was notwendig ist, um das Kind in die Lage zu versetzen, alle seine sozialen Beziehungen auf intelligente Weise zu erkennen und seinen Teil zu ihrer Aufrechterhaltung beizutragen.

Die formale Beziehung der Staatsbürgerschaft von dem gesamten System der Beziehungen zu isolieren, mit dem sie tatsächlich verwoben ist; anzunehmen, dass es ein bestimmtes Studium oder eine bestimmte Art der Behandlung gibt, die das Kind zu einem guten Staatsbürger machen kann; mit anderen Worten, anzunehmen, dass ein guter Staatsbürger etwas anderes ist als ein durch und durch effizientes und dienstbares Mitglied der Gesellschaft, eines, das alle seine körperlichen und geistigen Kräfte unter Kontrolle hat, ist ein behindernder Aberglaube, der hoffentlich bald aus der pädagogischen Diskussion verschwinden wird.

Das Kind soll nicht nur ein Wähler und ein Rechtssubjekt sein, sondern auch ein Mitglied einer Familie, das seinerseits höchstwahrscheinlich für die Erziehung und Ausbildung künftiger Kinder verantwortlich ist und so den Fortbestand der Gesellschaft sichert. Er soll ein Arbeiter sein, der eine Tätigkeit ausübt, die der Gesellschaft nützt und seine eigene Unabhängigkeit und Selbstachtung bewahrt. Er soll ein Mitglied einer bestimmten Nachbarschaft und Gemeinschaft sein und muss zu den Werten des Lebens beitragen, zu den Sitten und Gebräuchen der Zivilisation, wo immer er sich befindet. Dies sind nüchterne und formale Aussagen, aber wenn wir unserer Vorstellungskraft erlauben, sie in ihre konkreten Details zu übersetzen, haben wir eine breite und vielfältige Szene. Damit das Kind seinen Platz in Bezug auf diese verschiedenen Funktionen richtig einnehmen kann, muss es in den Wissenschaften, in der Kunst und in der Geschichte geschult werden; es muss die grundlegenden Methoden der Forschung und die grundlegenden Werkzeuge des Verkehrs und der Kommunikation beherrschen; es braucht einen trainierten und gesunden Körper, ein geschultes Auge und eine geschickte Hand; es braucht Gewohnheiten des Fleißes, der Ausdauer, kurz gesagt, Gewohnheiten der Dienstbarkeit.

Außerdem ist die Gesellschaft, der das Kind angehören soll, in den Vereinigten Staaten eine demokratische und fortschrittliche Gesellschaft. Das Kind muss sowohl zur Führung als auch zum Gehorsam erzogen werden. Es muss in der Lage sein, sich selbst zu leiten und andere zu führen, es muss in der Lage sein, zu verwalten und Verantwortung zu übernehmen. Diese Notwendigkeit, zur Führung zu erziehen, ist in der Industrie ebenso groß wie in der Politik.

Neue Erfindungen, neue Maschinen, neue Methoden des Transports und der Kommunikation verändern Jahr für Jahr die gesamte Szene des Geschehens. Es ist ein absolutes Ding der Unmöglichkeit, das Kind für eine bestimmte Lebensstation zu erziehen. Soweit die Erziehung unbewußt oder bewußt auf dieser Grundlage erfolgt, führt sie dazu, daß der künftige Bürger für keine Station im Leben geeignet ist, sondern daß er zu einer Drohne, einem Mitläufer oder einem eigentlichen Bremser in der Vorwärtsbewegung wird. Statt für sich selbst und für andere zu sorgen, wird er zu einem, der für sich selbst zu sorgen hat. Auch hier ist die ethische Verantwortung der Schule auf der sozialen Seite im weitesten und freiesten Sinne zu verstehen; sie ist gleichbedeutend mit jener Erziehung des Kindes, die es in den Besitz seiner selbst bringt, so dass es sich selbst in die Hand nehmen kann; dass es sich nicht nur an die Veränderungen, die vor sich gehen, anpasst, sondern die Macht hat, sie zu gestalten und zu lenken.

Abgesehen von der Teilnahme am gesellschaftlichen Leben hat die Schule weder einen moralischen Zweck noch ein Ziel. Solange wir uns auf die Schule als isolierte Institution beschränken, haben wir keine leitenden Prinzipien, weil wir keinen Gegenstand haben. Als Ziel der Erziehung wird zum Beispiel die harmonische Entwicklung aller Kräfte des Individuums genannt. Hier ist kein Hinweis auf das soziale Leben oder die Zugehörigkeit zur Gesellschaft zu erkennen, und doch glauben viele, dass wir darin eine angemessene und umfassende Definition des Ziels der Erziehung finden. Wenn man diese Definition jedoch unabhängig von den sozialen Beziehungen nimmt, können wir nicht sagen, was mit einem der verwendeten Begriffe gemeint ist. Wir wissen nicht, was eine Macht ist; wir wissen nicht, was Entwicklung ist; wir wissen nicht, was Harmonie ist. Eine Kraft ist nur dann eine Kraft, wenn man den Gebrauch, den sie macht, die Funktion, die sie erfüllen soll, berücksichtigt. Wenn wir die vom sozialen Leben bereitgestellten Verwendungszwecke außer Acht lassen, bleibt uns nichts anderes als die alte "Fähigkeitspsychologie", um zu sagen, was mit Macht gemeint ist und was die spezifischen Kräfte sind. Das Prinzip reduziert sich darauf, eine Reihe von Fähigkeiten wie Wahrnehmung, Gedächtnis, Denken usw. aufzuzählen und dann zu sagen, dass jede dieser Fähigkeiten entwickelt werden muss.

Bildung wird dann zu einer gymnastischen Übung. Scharfe Beobachtungsgabe und Gedächtnis können durch das Studium chinesischer Schriftzeichen entwickelt werden; Scharfsinn im Denken kann durch die Diskussion der scholastischen Feinheiten des Mittelalters werden. Die einfache Tatsache ist, dass es keine isolierte Fähigkeit der Beobachtung, des Gedächtnisses oder des Denkens gibt, genauso wenig wie es eine ursprüngliche Fähigkeit des Schmiedens, des Tischlerhandwerks oder des Dampfmaschinenbaus gibt. Fähigkeiten bedeuten lediglich, dass bestimmte Impulse und Gewohnheiten im Hinblick auf die Ausführung bestimmter Arbeiten koordiniert oder geformt wurden. Wir müssen die sozialen Situationen kennen, in denen der Einzelne seine Fähigkeiten zum Beobachten, Erinnern, Vorstellen und Denken einsetzen muss, um sagen zu können, was eine Ausbildung der geistigen Fähigkeiten tatsächlich bedeutet.

Was für die Veranschaulichung dieser besonderen Definition von Bildung gilt, gilt für jeden Gesichtspunkt, von dem aus wir uns der Sache nähern. Nur wenn wir die schulischen Aktivitäten in Bezug auf den größeren

Kreis sozialer Aktivitäten interpretieren, auf den sie sich beziehen, finden wir einen Maßstab für die Beurteilung ihrer moralischen Bedeutung.

Die Schule selbst muss in viel stärkerem Maße als bisher eine wichtige soziale Einrichtung sein. Man hat mir erzählt, dass es in einer bestimmten Stadt eine Schwimmschule gibt, in der die Jugendlichen schwimmen lernen, ohne ins Wasser zu gehen, indem sie wiederholt in den verschiedenen Bewegungen geübt werden, die zum Schwimmen notwendig sind. Als einer der so ausgebildeten jungen Männer gefragt wurde, was er tue, wenn er ins Wasser gehe, antwortete er lakonisch: "Versinken." Die Geschichte ist zufällig wahr; wäre sie es nicht, würde sie als eine Fabel erscheinen, die ausdrücklich zu dem Zweck erfunden wurde, das ethische Verhältnis der Schule zur Gesellschaft zu veranschaulichen. Die Schule kann keine Vorbereitung auf das gesellschaftliche Leben sein, es sei denn, sie reproduziert in sich selbst typische Bedingungen des gesellschaftlichen Lebens. Gegenwärtig ist sie weitgehend mit der vergeblichen Aufgabe des Sisyphos beschäftigt. Sie versucht, in den Kindern Gewohnheiten für ein soziales Leben zu formen, das, so scheint es fast, sorgfältig und absichtlich von einem lebendigen Kontakt mit dem Kind in der Ausbildung ferngehalten wird. Die einzige Möglichkeit, sich auf das soziale Leben vorzubereiten, besteht darin, sich am sozialen Leben zu beteiligen. Gewohnheiten sozialer Nützlichkeit und Brauchbarkeit zu erziehen, ohne dass ein unmittelbares soziales Bedürfnis und Motiv vorliegt, ohne dass eine soziale Situation besteht, ist im Grunde so, als würde man dem Kind das Schwimmen beibringen, indem man Bewegungen außerhalb des Wassers ausführt. Die unabdingbarste Voraussetzung bleibt unberücksichtigt, und die Ergebnisse sind dementsprechend unvollständig.

Die viel beklagte Trennung von intellektueller und moralischer Erziehung, von Informationserwerb und Charakterbildung in der Schule ist nur ein Ausdruck des Versäumnisses, die Schule als soziale Institution zu begreifen und zu gestalten, die in sich selbst soziales Leben und Wert hat. Sofern die Schule nicht ein typisches embryonales Gemeinschaftsleben ist, muss die moralische Erziehung teils pathologisch, teils formal sein. Die Erziehung ist pathologisch, wenn die Betonung auf der Korrektur von Fehlverhalten liegt, statt auf der Bildung von Gewohnheiten des positiven Dienstes. Allzu oft nimmt die Sorge des Lehrers um das sittliche Leben der Schüler die Form von Wachsamkeit gegenüber Verstößen gegen die Schulregeln und die Routine an. Diese Regeln sind, vom Standpunkt der Entwicklung des Kindes aus gesehen, mehr oder weniger konventionell und willkürlich. Es sind Regeln, die gemacht werden müssen, damit die bestehenden Formen der Schularbeit weitergehen können; aber das Fehlen einer inhärenten Notwendigkeit in diesen Schulformen spiegelt sich in einem Gefühl des Kindes wider, dass die moralische Disziplin der Schule willkürlich ist. Alle Bedingungen, die den Lehrer zwingen, eher Misserfolge als gesundes Wachstum zur Kenntnis zu nehmen, geben falsche Maßstäbe vor und führen zu Verzerrungen und Perversionen. Die Beachtung von Fehlverhalten sollte eher ein Zufall als ein Prinzip sein. Das Kind sollte ein positives Bewusstsein davon haben, worum es geht, damit es seine Handlungen vom Standpunkt des Bezugs zu der Arbeit, die es zu tun hat, beurteilen kann. Nur so hat es einen lebendigen Maßstab, der es ihm ermöglicht, Versäumnisse für die Zukunft zu verantworten.

Wenn ich sage, dass die moralische Erziehung in der Schule formal ist, meine ich damit, dass die moralischen Gewohnheiten, die derzeit in der Schule betont werden, Gewohnheiten sind, die sozusagen *ad hoc* geschaffen werden. Selbst die Gewohnheiten der Pünktlichkeit, der Regelmäßigkeit, des Fleißes, der Nichteinmischung in die Arbeit der anderen, der Treue zu den gestellten Aufgaben, die in der Schule besonders gelehrt werden, sind Gewohnheiten, die einfach deshalb notwendig sind, weil das Schulsystem so ist, wie es ist, und die erhalten werden müssen. Wenn wir die Unantastbarkeit des Schulsystems, so wie es ist, anerkennen, stellen diese Gewohnheiten dauerhafte und notwendige moralische Ideen dar; aber gerade weil das Schulsystem selbst isoliert und mechanisch ist, ist das Beharren auf diesen moralischen Gewohnheiten mehr oder weniger unwirklich, weil das Ideal, auf das sie sich beziehen, selbst nicht notwendig ist. Die Pflichten sind, mit anderen Worten, eindeutig Schulpflichten und keine Lebenspflichten. Vergleicht man diesen Zustand mit dem des geordneten Heims, so stellt man fest, dass die Pflichten und Verantwortlichkeiten, die das Kind dort zu erkennen hat, nicht zur Familie als einer spezialisierten und isolierten Institution gehören, sondern sich aus der Natur des sozialen Lebens ergeben, an dem die Familie teilnimmt und zu dem sie beiträgt. Das Kind sollte in der Schule die gleichen Motive für rechtes Handeln haben und nach den gleichen Maßstäben beurteilt werden wie der Erwachsene in dem breiteren sozialen Leben, zu dem es gehört. Das Interesse am Wohlergehen der Gemeinschaft, ein Interesse, das sowohl intellektuell und praktisch als auch emotional ist - ein Interesse nämlich, das zu erkennen, was für die soziale Ordnung und den sozialen Fortschritt wichtig ist, und diese Prinzipien in die Tat umzusetzen -, ist die moralische Gewohnheit, mit der alle besonderen schulischen Gewohnheiten verbunden sein müssen, wenn sie vom Atem des Lebens beseelt sein sollen.

III
DIE MORALISCHE ERZIEHUNG DURCH UNTERRICHTSMETHODEN

DER Grundsatz des sozialen Charakters der Schule als grundlegender Faktor für die moralische Erziehung kann auch auf die Frage der Unterrichtsmethoden angewandt werden - nicht in ihren Einzelheiten, sondern in ihrem allgemeinen Geist. Der Schwerpunkt liegt dann eher auf dem Aufbau und der Weitergabe als auf der Aufnahme und dem bloßen Lernen. Wir übersehen, wie wesentlich individualistisch die letztgenannten Methoden sind und wie unbewusst, aber sicher und wirksam sie auf die Urteils- und Handlungsweisen des Kindes einwirken. Stellen Sie sich vierzig Kinder vor, die alle die gleichen Bücher lesen und Tag für Tag die gleichen Lektionen vorbereiten und vortragen. Nehmen wir an, dass dieser Prozess den weitaus größten Teil ihrer Arbeit ausmacht und dass sie ständig danach beurteilt werden, was sie in einer Lesestunde aufnehmen und in einer Rezitationsstunde wiedergeben können. Es gibt so gut wie keine Möglichkeit für eine soziale Arbeitsteilung. Es gibt keine Möglichkeit für jedes Kind, etwas Eigenes zu erarbeiten, das es zum gemeinsamen Bestand beitragen kann, während es seinerseits an den Produktionen der anderen teilhat. Alle müssen genau die gleiche Arbeit machen und die gleichen Produkte herstellen. Der soziale Geist wird nicht kultiviert, ja, er verkümmert sogar, soweit die rein individualistische Methode zum Zuge kommt, mangels Anwendung. Ein Grund für das schlechte Vorlesen in der Schule ist, dass das eigentliche Motiv für den Sprachgebrauch - der Wunsch zu kommunizieren und zu lernen - nicht genutzt wird. Das Kind weiß ganz genau, dass der Lehrer und alle seine Mitschüler genau dieselben Fakten und Ideen vor sich haben wie es selbst; es *gibt ihnen gar nichts*. Und man kann sich fragen, ob der moralische Mangel nicht ebenso groß ist wie der intellektuelle. Das Kind wird mit dem natürlichen Wunsch geboren, etwas zu geben, zu tun, zu dienen. Wenn diese Tendenz nicht genutzt wird, wenn die Bedingungen so sind, dass andere Motive an ihre Stelle treten, ist die Anhäufung eines Einflusses, der gegen den sozialen Geist arbeitet, viel größer, als wir uns vorstellen können, besonders wenn die Last der Arbeit, Woche für Woche und Jahr für Jahr, auf diese Seite fällt.

Aber die fehlende Kultivierung des sozialen Geistes ist nicht alles. Positiv individualistische Motive und Normen werden eingeimpft. Es muss ein Anreiz gefunden werden, um das Kind bei der Stange zu halten. Im besten Fall ist dies seine Zuneigung zu seinem Lehrer, verbunden mit dem Gefühl, dass es nicht gegen die Schulregeln verstößt und somit negativ, wenn nicht sogar positiv, zum Wohl der Schule beiträgt. Ich habe nichts gegen diese Motive einzuwenden, soweit sie reichen, aber sie sind unzureichend. Der Zusammenhang zwischen der zu erledigenden Arbeit und der Zuneigung zu einem Dritten ist äußerlich, nicht innerlich. Sie kann daher bei jeder Änderung der äußeren Bedingungen zerbrechen. Darüber hinaus kann die Bindung an eine bestimmte Person, auch wenn sie in gewisser Weise sozial ist, so isoliert und exklusiv werden, dass sie egoistische Züge annimmt. Auf jeden Fall sollte das Kind allmählich aus diesem relativ äußeren Motiv herauswachsen und den sozialen Wert dessen, was es zu tun hat, um seiner selbst willen schätzen lernen, weil es in einem größeren

Zusammenhang mit dem Leben steht und nicht an zwei oder drei Personen gebunden ist.

Aber leider ist das Motiv nicht immer dieses relativ beste, sondern vermischt mit niedrigeren Motiven, die eindeutig egoistisch sind. Furcht ist ein Motiv, das fast sicher eintritt, nicht unbedingt physische Furcht oder Furcht vor Strafe, sondern Furcht, die Anerkennung der anderen zu verlieren, oder Furcht vor Versagen, die so extrem ist, dass sie krankhaft und lähmend wirkt. Auf der anderen Seite kommen Nacheiferung und Rivalität ins Spiel. Nur weil alle die gleiche Arbeit machen und (entweder im Aufsatz oder in der Prüfung im Hinblick auf die Benotung und die Beförderung) nicht unter dem Gesichtspunkt ihres persönlichen Beitrags, sondern unter dem des *vergleichenden* Erfolgs beurteilt werden, wird das Gefühl der Überlegenheit über die anderen übermäßig angezogen, während ängstliche Kinder deprimiert werden. Die Kinder werden danach beurteilt, ob sie in der Lage sind, denselben äußeren Standard zu erreichen. Die Schwächeren verlieren allmählich ihr Machtgefühl und akzeptieren eine Position der ständigen und anhaltenden Unterlegenheit. Die Auswirkungen auf die Selbstachtung und den Respekt vor der Arbeit brauchen nicht näher erläutert zu werden. Die Starken lernen, sich nicht ihrer Stärke zu rühmen, sondern der Tatsache, dass sie stärker sind. Das Kind wird vorzeitig in den Bereich des individualistischen Wettbewerbs eingeführt, und zwar in einer Richtung, in der Wettbewerb am wenigsten angebracht ist, nämlich in intellektuellen und künstlerischen Angelegenheiten, deren Gesetz Zusammenarbeit und Teilnahme ist.

Zu den Übeln der passiven Absorption und des Wettbewerbs um äußere Geltung kommen vielleicht noch diejenigen, die sich aus der ewigen Betonung der Vorbereitung auf eine ferne Zukunft ergeben. Ich beziehe mich hier nicht auf die Verschwendung von Energie und Vitalität, die entsteht, wenn Kinder, die so sehr in der unmittelbaren Gegenwart leben, im Namen einer düsteren und ungewissen Zukunft angesprochen werden, die ihnen wenig oder nichts bedeutet. Ich denke eher an die gewohnheitsmäßige Zögerlichkeit, die sich entwickelt, wenn das Motiv für die Arbeit in der Zukunft und nicht in der Gegenwart liegt, und an die falschen Maßstäbe, die entstehen, wenn die Arbeit nicht auf der Grundlage der gegenwärtigen Notwendigkeit und der gegenwärtigen Verantwortung geschätzt wird, sondern anhand eines äußeren Ergebnisses, wie das Bestehen einer Prüfung, die Beförderung, der Eintritt in die High School, der Eintritt in die Universität usw. Wer kann den Verlust an moralischer Kraft aufrechnen, der aus dem ständigen Eindruck entsteht, dass nichts an sich wert ist, getan zu werden, sondern nur als Vorbereitung auf etwas anderes, das wiederum nur eine Vorbereitung auf ein wirklich ernsthaftes Ziel dahinter ist? Außerdem wird man in der Regel feststellen, dass der ferne Erfolg ein Ziel ist, das diejenigen am meisten anspricht, bei denen der egoistische Wunsch, voranzukommen - anderen voraus zu sein - bereits ein zu starkes Motiv ist. Diejenigen, in denen der persönliche Ehrgeiz bereits so stark ist, dass er glühende Bilder zukünftiger Siege malt, können davon berührt werden; andere, die eher großzügig sind, reagieren nicht darauf.

Ich kann nicht aufhören, die andere Seite zu malen. Ich kann nur sagen, dass die Einführung jeder Methode, die an die aktiven Kräfte des Kindes appelliert, an seine Fähigkeiten in der Konstruktion, der Produktion und der Schöpfung, eine Gelegenheit darstellt, das Zentrum der ethischen Schwerkraft von einer Absorption, die egoistisch ist, zu einem Dienst zu verlagern, der sozial ist. Die handwerkliche Ausbildung ist mehr als handwerklich, sie ist mehr als intellektuell; in den Händen eines guten Lehrers eignet sie sich leicht und fast selbstverständlich zur Entwicklung sozialer Gewohnheiten. Seit der Philosophie Kants ist es ein Gemeinplatz der ästhetischen Theorie, dass die Kunst universell ist; dass sie nicht das Produkt eines rein persönlichen Wunsches oder Appetits ist, oder sich nur individuell aneignen kann, sondern einen Wert hat, an dem alle teilhaben, die sie wahrnehmen. Selbst in den Schulen, in denen moralischen Erwägungen die meiste Aufmerksamkeit gewidmet wird, können die Lern- und Vortragsmethoden so beschaffen sein, dass sie eher die Wertschätzung als die Macht betonen, eine emotionale Bereitschaft, die Erfahrungen anderer zu assimilieren, als eine aufgeklärte und geschulte Fähigkeit, jene Werte weiterzutragen, die unter anderen Bedingungen und in vergangenen Zeiten diese Erfahrungen wertvoll gemacht haben. Auf jeden Fall hält die Trennung zwischen Unterricht und Charakter in unseren Schulen (trotz der Bemühungen einzelner Lehrer) als Folge der Scheidung zwischen Lernen und Tun an. Der Versuch, echte moralische Wirksamkeit an den bloßen Lernprozess und an die Gewohnheiten, die mit dem Lernen einhergehen, zu knüpfen, kann nur zu einer Ausbildung führen, die von Formalität, Willkür und einer unangemessenen Betonung der Nichtkonformität geprägt ist. Die Tatsache, dass so viel erreicht wird, zeigt die Möglichkeiten, die mit Methoden der schulischen Tätigkeit verbunden sind, die Gelegenheit für Gegenseitigkeit, Zusammenarbeit und positive persönliche Leistungen bieten.

IV
DER SOZIALE CHARAKTER DES STUDIUMS

IN vielerlei Hinsicht ist es der Schulstoff, der sowohl die allgemeine Atmosphäre der Schule als auch die Methoden des Unterrichts und der Disziplin bestimmt. Ein unfruchtbarer "Studiengang", d.h. ein dürftiges und enges Feld schulischer Aktivitäten, kann sich unmöglich für die Entwicklung eines lebendigen sozialen Geistes oder für Methoden eignen, die an Sympathie und Zusammenarbeit statt an Absorption, Exklusivität und Wettbewerb appellieren. Daher ist es von entscheidender Bedeutung zu wissen, wie wir unseren gesellschaftlichen Maßstab für moralische Werte auf den Gegenstand der schulischen Arbeit anwenden, auf das, was wir traditionell die "Studien" nennen, die die Schüler beschäftigen.

Eine Studie ist als ein Mittel zu betrachten, das das Kind dazu bringt, die soziale Szene des Handelns zu erkennen. So betrachtet gibt sie ein Kriterium für die Auswahl des Materials und für die Beurteilung der Werte. Wir haben derzeit drei unabhängige Werte aufgestellt: einen der Kultur, einen anderen der Information und einen weiteren der Disziplin. In Wirklichkeit beziehen sich diese nur auf drei Phasen der sozialen Interpretation. Die Information ist nur insofern echt oder erzieherisch, als sie bestimmte Bilder und Vorstellungen von Materialien präsentiert, die in einen Kontext des sozialen Lebens gestellt werden. Die Disziplin ist nur dann wirklich erzieherisch, wenn sie eine Reaktion der Information auf die eigenen Kräfte des Individuums darstellt, so dass es sie für soziale Zwecke unter Kontrolle bringt. Kultur, wenn sie wirklich erzieherisch sein soll und nicht eine äußere Politur oder ein faktischer Anstrich, stellt die lebendige Verbindung von Information und Disziplin dar. Sie markiert die Sozialisierung des Individuums in seiner Lebensauffassung.

Dieser Punkt lässt sich anhand einiger Beispiele aus dem Schulunterricht veranschaulichen. Zunächst einmal gibt es innerhalb der Fakten selbst keine Abgrenzung, die sie in die Naturwissenschaften, die Geschichte oder die Geographie einordnet. Die heute weit verbreitete Schubladenklassifizierung (die dadurch gefördert wird, dass der Schüler von Anfang an in eine Reihe verschiedener Studien in verschiedenen Lehrbüchern eingeführt wird) vermittelt eine völlig falsche Vorstellung von den Beziehungen der Studien zueinander und zu dem intellektuellen Ganzen, zu dem alle gehören. In Wirklichkeit haben diese Fächer mit derselben letzten Realität zu tun, nämlich mit der bewussten Erfahrung des Menschen. Nur weil wir unterschiedliche Interessen oder Ziele haben, sortieren wir das Material und bezeichnen einen Teil davon als Wissenschaft, einen Teil als Geschichte, einen Teil als Geographie usw. Jede "Sortierung" stellt Material dar, das in Bezug auf ein bestimmtes typisches Ziel oder einen bestimmten Prozess des sozialen Lebens angeordnet ist.

Dieses soziale Kriterium ist nicht nur notwendig, um die einzelnen Studien voneinander abzugrenzen, sondern auch, um die Gründe für jede Studie zu erfassen, d. h. die Motive, aus denen heraus sie präsentiert werden soll. Wie soll man zum Beispiel die Geographie definieren? Worin besteht die Einheit der verschiedenen sogenannten Abteilungen der Geographie - mathematische

Geographie, physische Geographie, politische Geographie, Handelsgeographie? Handelt es sich um rein empirische Klassifizierungen, die von der bloßen Tatsache abhängen, dass wir auf eine Vielzahl unterschiedlicher Fakten stoßen? Oder gibt es ein inhärentes Prinzip, durch das das Material unter diesen verschiedenen Köpfen verteilt wird, etwas, das im Interesse und in der Einstellung des menschlichen Geistes ihnen gegenüber liegt? Ich würde sagen, dass die Geographie mit all jenen Aspekten des sozialen Lebens zu tun hat, die sich mit der Interaktion zwischen dem Leben des Menschen und der Natur befassen; oder dass sie mit der Welt als Schauplatz der sozialen Interaktion zu tun hat. Jede Tatsache ist also insofern geographisch, als sie mit der Abhängigkeit des Menschen von seiner natürlichen Umwelt oder mit den Veränderungen zu tun hat, die diese Umwelt durch das Leben des Menschen erfährt.

Die vier oben genannten Formen der Geographie stellen also vier zunehmende Abstraktionsstufen bei der Erörterung der gegenseitigen Beziehung zwischen menschlichem Leben und Natur dar. Am Anfang muss die Sozialgeographie stehen, die offene Anerkennung der Erde als Heimat von Menschen, die in Beziehungen zueinander stehen. Damit meine ich, dass das Wesen jeder geografischen Tatsache das Bewusstsein zweier Personen oder zweier Gruppen von Personen ist, die durch ihre physische Umgebung gleichzeitig getrennt und verbunden sind, und dass das Interesse darin besteht, zu sehen, wie diese Menschen durch die Instrumente der physischen Umgebung in ihren Handlungen gleichzeitig auseinander gehalten und zusammengebracht werden. Die letztendliche Bedeutung von Seen, Flüssen, Bergen und Ebenen ist nicht physisch, sondern sozial; es ist die Rolle, die sie bei der Veränderung und Lenkung der menschlichen Beziehungen spielen. Dies bedeutet natürlich eine Ausweitung des Begriffs "kommerziell". Er bezieht sich nicht nur auf die Wirtschaft im engeren Sinne, sondern auf alles, was mit dem menschlichen Verkehr und der gegenseitigen Kommunikation zu tun hat, die durch natürliche Formen und Eigenschaften beeinflusst werden. Die politische Geographie stellt dieselbe soziale Interaktion in statischer und nicht in dynamischer Weise dar, d.h. als vorübergehend kristallisiert und in bestimmten Formen fixiert. Die physische Geographie (zu der nicht nur die Physiographie, sondern auch das Studium der Flora und Fauna gehört) stellt eine weitere Analyse oder Abstraktion dar. Sie untersucht die Bedingungen, die das menschliche Handeln bestimmen, wobei die Art und Weise, wie sie dies konkret tun, vorübergehend außer Acht gelassen wird. Die mathematische Geographie führt die Analyse auf die letzten und entfernteren Bedingungen zurück und zeigt, dass die physischen Bedingungen der Erde nicht endgültig sind, sondern von dem Platz abhängen, den die Welt in einem größeren System einnimmt. Mit anderen Worten, hier werden Schritt für Schritt die Verbindungen nachgezeichnet, die die unmittelbaren sozialen Beschäftigungen und Gruppierungen der Menschen mit dem gesamten natürlichen System verbinden, das sie letztlich bedingt. Schritt für Schritt wird der Schauplatz vergrößert und das Bild dessen, was in die Gestaltung des sozialen Handelns eingeht, erweitert und vertieft; zu keinem Zeitpunkt darf die Kette der Verbindung unterbrochen werden.

Es kommt nicht in Frage, die Studien einzeln aufzugreifen und zu zeigen, dass ihre Bedeutung in ähnlicher Weise von sozialen Erwägungen gesteuert wird. Aber ich kann es nicht unterlassen, ein oder zwei Worte über die

Geschichte zu sagen. Die Geschichte ist für das Kind lebendig oder tot, je nachdem, ob sie unter soziologischen Gesichtspunkten betrachtet wird oder nicht. Wenn sie einfach als Aufzeichnung dessen, was vergangen und vergangen ist, behandelt wird, muss sie mechanisch sein, weil die Vergangenheit als Vergangenheit fern ist. Als bloße Vergangenheit gibt es kein Motiv, sich mit ihr zu befassen. Der ethische Wert des Geschichtsunterrichts wird sich daran messen lassen, inwieweit vergangene Ereignisse zum Mittel des Verständnisses der Gegenwart gemacht werden, indem sie Einblick in die Struktur und Funktionsweise der heutigen Gesellschaft geben. Die gegenwärtige Gesellschaftsstruktur ist äußerst komplex. Für ein Kind ist es praktisch unmöglich, sie *en* masse anzugreifen und sich ein klares Bild von ihr zu machen. Aber man kann typische Phasen der historischen Entwicklung auswählen, die wie durch ein Fernrohr die wesentlichen Bestandteile der bestehenden Ordnung zeigen. Griechenland zum Beispiel stellt dar, wofür die Kunst und die wachsende Macht des individuellen Ausdrucks stehen; Rom zeigt die Elemente und Kräfte des politischen Lebens in einem ungeheuren Ausmaß. Oder, da diese Zivilisationen selbst relativ komplex sind, reduziert eine Studie über noch einfachere Formen des Jagd-, Nomaden- und Landwirtschaftslebens in den Anfängen der Zivilisation, eine Studie über die Auswirkungen der Einführung von Eisen und Eisenwerkzeugen die Komplexität auf einfachere Elemente.

Ein Grund, warum der Geschichtsunterricht in der Regel nicht effektiver ist, liegt darin, dass der Schüler sich die Informationen so aneignen soll, dass ihm keine Epochen oder Faktoren als typisch in den Sinn kommen; alles wird auf das gleiche tote Niveau reduziert. Der Weg, um die notwendige Perspektive zu sichern, besteht darin, die Vergangenheit so zu behandeln, als wäre sie eine projizierte Gegenwart mit einigen ihrer Elemente, die erweitert werden.

Das Prinzip des Kontrasts ist ebenso wichtig wie das der Ähnlichkeit. Weil das gegenwärtige Leben so nah an uns ist und uns an jedem Punkt berührt, können wir uns nicht von ihm lösen, um es so zu sehen, wie es wirklich ist. Nichts sticht klar und deutlich als charakteristisch hervor. Bei der Untersuchung vergangener Perioden richtet sich die Aufmerksamkeit notwendigerweise auf auffällige Unterschiede. So erhält das Kind einen Ort der Vorstellungskraft, durch den es sich vom Druck der gegenwärtigen Umgebungsbedingungen lösen und sie definieren kann.

Die Geschichte ist auch für die Vermittlung der *Methoden* des sozialen Fortschritts geeignet. Es wird allgemein gesagt, dass die Geschichte unter dem Gesichtspunkt von Ursache und Wirkung untersucht werden muss. Die Wahrheit dieser Aussage hängt von ihrer Auslegung ab. Das soziale Leben ist so komplex und die verschiedenen Teile sind so organisch miteinander und mit der natürlichen Umwelt verbunden, dass es unmöglich ist zu sagen, dass diese oder jene Sache die Ursache für eine andere bestimmte Sache ist. Aber das Studium der Geschichte kann die wichtigsten Instrumente in den Entdeckungen, Erfindungen, neuen Lebensformen usw. aufzeigen, die die großen Epochen des sozialen Fortschritts eingeleitet haben; und es kann dem Kind die Hauptlinien des sozialen Fortschritts vor Augen führen und ihm die Hauptschwierigkeiten und -hindernisse auf dem Weg zum Fortschritt vor Augen führen . Dies wiederum kann nur geschehen, wenn man erkennt, dass die sozialen Kräfte an sich immer dieselben sind, dass vor hundert und tausend Jahren dieselben Einflüsse am Werk waren, die auch heute wirken, und dass bestimmte historische Epochen eine Illustration der Wirkungsweise der grundlegenden Kräfte bieten.

Alles hängt also davon ab, dass die Geschichte von einem sozialen Standpunkt aus behandelt wird, dass sie die Kräfte aufzeigt, die die soziale Entwicklung beeinflusst haben, und dass sie die typischen Institutionen präsentiert, in denen sich das soziale Leben ausgedrückt hat. Die Kulturepochen-Theorie geht zwar in die richtige Richtung, hat aber nicht erkannt, wie wichtig es ist, vergangene Perioden in Bezug auf die Gegenwart zu behandeln, um Einblick in die repräsentativen Faktoren ihrer Struktur zu erhalten; sie hat diese Perioden zu sehr behandelt, als hätten sie eine Bedeutung oder einen Wert an sich. Die Art und Weise, wie die biographische Methode gehandhabt wird, veranschaulicht denselben Punkt. Sie wird oft so gehandhabt, dass die sozialen Kräfte und Prinzipien, die mit dem Zusammenschluss von Menschenmassen verbunden sind, aus dem Bewusstsein des Kindes ausgeklammert (oder zumindest nicht ausreichend betont) werden. Es ist ganz richtig, dass sich das Kind leicht für Geschichte vom biographischen Standpunkt aus interessiert; aber wenn "der Held" nicht in Beziehung zu dem Gemeinschaftsleben hinter ihm behandelt wird, das er zusammenfasst und lenkt, besteht die Gefahr, dass sich die Geschichte auf eine bloße spannende Geschichte reduziert. Dann reduziert sich der moralische Unterricht darauf, bestimmte Lehren aus dem Leben der betreffenden Persönlichkeiten zu ziehen, anstatt die Vorstellung des Kindes von sozialen Beziehungen, Idealen und Mitteln zu erweitern und zu vertiefen.

Es sei daran erinnert, dass ich diese Punkte nicht um ihrer selbst willen anführe, sondern unter Bezugnahme auf den allgemeinen Grundsatz, dass eine Studie, die als eine Art des Verständnisses des sozialen Lebens gelehrt wird, eine positive ethische Bedeutung hat. Was das normale Kind ständig braucht, sind nicht so sehr isolierte moralische Lektionen über die Bedeutung von Wahrhaftigkeit und Ehrlichkeit oder die segensreichen Ergebnisse, die sich aus einem bestimmten Akt des Patriotismus ergeben, sondern die Ausbildung von Gewohnheiten der sozialen Vorstellungskraft und des sozialen Verständnisses.

Ich möchte ein weiteres Beispiel anführen, nämlich die Mathematik. Diese erfüllt ihren Zweck in vollem Umfang, je nachdem, ob sie als soziales Werkzeug präsentiert wird oder nicht. Die vorherrschende Scheidung zwischen Information und Charakter, zwischen Wissen und sozialem Handeln, tritt hier auf den Plan. In dem Moment, in dem das mathematische Studium von dem Platz getrennt wird, den es in Bezug auf die Anwendung im sozialen Leben einnimmt, wird es unangemessen abstrakt, selbst auf der rein intellektuellen Seite. Sie wird als eine Angelegenheit von technischen Beziehungen und Formeln dargestellt, unabhängig von jeglichem Zweck oder Nutzen. Die Zahlenkunde leidet in der Grundschulbildung an einem Mangel an Motivation. Hinter dieser und jener besonders schlechten Methode steht der radikale Fehler, die Zahl so zu behandeln, als sei sie ein Selbstzweck und nicht das Mittel zur Erreichung eines Zwecks. Lassen Sie das Kind ein Bewusstsein dafür entwickeln, wozu die Zahl dient, wozu sie wirklich da ist, und die halbe Schlacht ist gewonnen. Dieses Bewusstsein über den Nutzen der Vernunft impliziert einen Zweck, der implizit sozial ist.

Eines der absurden Dinge beim fortgeschrittenen Studium der Arithmetik ist das Ausmaß, in dem das Kind mit numerischen Operationen vertraut gemacht wird, die keine besonderen mathematischen Prinzipien haben, die sie charakterisieren, sondern die bestimmte allgemeine Prinzipien darstellen, die in geschäftlichen Beziehungen zu finden sind. Das Kind in diesen Operationen auszubilden, ohne auf die geschäftlichen Gegebenheiten, in denen sie Anwendung finden, oder auf die Bedingungen des sozialen Lebens, die diese geschäftlichen Aktivitäten notwendig machen, zu achten, ist weder arithmetisch noch vernünftig. Das Kind wird aufgefordert, Beispiele für Zinsen, Partnerschaften, Bankgeschäfte, Maklertätigkeiten usw. zu machen, und es wird nicht darauf geachtet, dass es im Zusammenhang mit der Arithmetik ein Gefühl für die damit verbundenen sozialen Gegebenheiten entwickelt. Dieser Teil der Arithmetik ist im Wesentlichen soziologischer Natur. Er sollte entweder ganz weggelassen werden oder in Verbindung mit einer Studie über die relevanten sozialen Realitäten gelehrt werden. So, wie wir das Studium jetzt handhaben, ist es der alte Fall, dass man schwimmen lernt, ohne im Wasser zu sein, mit entsprechend schlechten Ergebnissen auf der praktischen Seite.

Um diesen Teil der Diskussion abzuschließen, können wir sagen, dass unsere Vorstellungen von moralischer Erziehung zu eng, zu formal und zu pathologisch waren. Wir haben den Begriff der Moral mit bestimmten Handlungen in Verbindung gebracht, die als Tugenden bezeichnet werden und die sich von der Masse der anderen Handlungen abheben und noch mehr von den gewohnheitsmäßigen Vorstellungen und Motiven der Kinder, die sie ausführen, abgehoben sind. Die moralische Erziehung ist also mit dem Unterricht über diese besonderen Tugenden oder mit der Vermittlung bestimmter Gefühle in Bezug auf sie verbunden. Die Moral ist zu gutmütig aufgefasst worden. Die letztendlichen moralischen Motive und Kräfte sind nicht mehr und nicht weniger als soziale Intelligenz - die Fähigkeit, soziale Situationen zu beobachten und zu verstehen - und soziale Macht - ausgebildete Fähigkeiten der Kontrolle -, die im Dienste sozialer Interessen und Ziele wirken. Es gibt keine Tatsache, die Licht auf die Verfassung der Gesellschaft wirft, es gibt keine Kraft, deren Ausbildung zu sozialem Einfallsreichtum beiträgt, die nicht moralisch ist.

Ich schließe diesen Teil der Diskussion ab, indem ich Ihre Aufmerksamkeit auf die moralische Dreifaltigkeit der Schule lenke. Gefragt sind soziale Intelligenz, soziale Kraft und soziale Interessen. Unsere Ressourcen sind (1) das Leben der Schule als soziale Institution an sich, (2) Methoden des Lernens und der Arbeit und (3) das Schulstudium oder der Lehrplan. In dem Maße, in dem die Schule in ihrem eigenen Geist ein echtes Gemeinschaftsleben darstellt; in dem Maße, in dem das, was man Schuldisziplin, Regierung, Ordnung usw. nennt, Ausdruck dieses inhärenten sozialen Geistes sind; soweit die angewandten Methoden an die aktiven und konstruktiven Kräfte appellieren und es dem Kind ermöglichen, sich zu engagieren und so zu dienen; soweit der Lehrplan so ausgewählt und gestaltet ist, dass er dem Kind ein Bewusstsein von der Welt, in der es eine Rolle zu spielen hat, und von den Anforderungen, denen es gerecht werden muss, vermittelt; soweit diese Ziele erreicht werden, ist die Schule auf ethischer Grundlage organisiert. Was die allgemeinen Grundsätze anbelangt, so sind alle grundlegenden ethischen Anforderungen erfüllt. Der Rest bleibt zwischen dem einzelnen Lehrer und dem einzelnen Kind.

V
DER PSYCHOLOGISCHE ASPEKT
DER MORALISCHEN ERZIEHUNG

Bisher haben wir uns mit der Zusammensetzung der Ziele und Ergebnisse befasst, die das Verhalten ausmachen - sein "Was". Aber das Verhalten hat auch eine bestimmte Methode und einen bestimmten Geist - sein "Wie". Verhalten kann als Ausdruck der Einstellungen und Dispositionen eines *Individuums betrachtet werden, aber auch als* Verwirklichung sozialer Ergebnisse und Aufrechterhaltung des sozialen Gefüges. Die Betrachtung des Verhaltens als individuelle Leistung, als persönliches Tun, führt uns von der sozialen zur psychologischen Seite der Moral. Zunächst einmal entspringt jedes Verhalten letztlich und radikal den angeborenen Instinkten und Impulsen. Wir müssen wissen, was diese Instinkte und Triebe sind und wie sie in jeder einzelnen Entwicklungsphase des Kindes aussehen, um zu wissen, woran wir appellieren und worauf wir aufbauen sollen. Die Vernachlässigung dieses Prinzips kann zu einer mechanischen Nachahmung des moralischen Verhaltens führen, aber diese Nachahmung wird ethisch tot sein, weil sie äußerlich ist und ihr Zentrum außerhalb und nicht innerhalb des Individuums hat. Mit anderen Worten, wir müssen das Kind studieren, um unsere Hinweise, unsere Symptome, unsere Anregungen zu erhalten. Die mehr oder weniger spontanen Handlungen des Kindes sind nicht als Vorgabe moralischer Formen zu betrachten, an die sich die Bemühungen des Erziehers anpassen müssen - das würde nur dazu führen, das Kind zu verwöhnen; aber sie sind Symptome, die interpretiert werden müssen: Stimuli, auf die gezielt reagiert werden muss; Material, das, in welcher Form auch immer, der einzige endgültige Bestandteil des zukünftigen moralischen Verhaltens und Charakters ist.

Zweitens müssen unsere ethischen Grundsätze in psychologischen Begriffen ausgedrückt werden, weil das Kind uns die einzigen Mittel oder Instrumente liefert, mit denen wir moralische Ideale verwirklichen können. Der Lehrstoff, so wichtig er auch sein mag und so klug er auch ausgewählt sein mag, hat keinen schlüssigen moralischen Inhalt, solange er nicht in Begriffe für die eigenen Aktivitäten, Gewohnheiten und Wünsche des Einzelnen umgewandelt wird. Wir müssen wissen, was Geschichte, Geographie und Mathematik in psychologischer Hinsicht, d.h. als Modi persönlicher Erfahrung, bedeuten, bevor wir ihnen ihre moralischen Möglichkeiten entlocken können.

Die psychologische Seite der Erziehung fasst sich natürlich in einer Betrachtung des Charakters zusammen. Es ist ein Gemeinplatz zu sagen, dass die Entwicklung des Charakters das Ziel aller schulischen Arbeit ist. Die Schwierigkeit liegt in der Umsetzung dieses Gedankens. Und eine grundlegende Schwierigkeit bei dieser Umsetzung ist das Fehlen einer klaren Vorstellung davon, was Charakter bedeutet. Dies mag eine extreme Aussage sein. Wenn dem so ist, kann die Idee dadurch vermittelt werden, dass wir uns den Charakter im Allgemeinen nur als Ergebnis vorstellen; wir haben keine klare Vorstellung von ihm in psychologischer Hinsicht, d. h. als einen Prozess, als Arbeit oder Dynamik. Wir wissen, was der Charakter in Bezug auf die Handlungen, die von ihm ausgehen, bedeutet, aber wir haben keine klare Vorstellung von ihm in seinem Inneren, als ein System von wirkenden Kräften.

(1) Kraft, Effizienz in der Ausführung oder offenes Handeln, ist ein notwendiger Bestandteil des Charakters. In unseren moralischen Büchern und Vorträgen mögen wir die Betonung auf gute Absichten usw. legen. Aber wir wissen praktisch, dass die Art von Charakter, die wir durch unsere Erziehung aufzubauen hoffen, ein Charakter ist, der nicht nur gute Absichten hat, sondern darauf besteht, sie auszuführen. Jeder andere Charakter ist wischiwaschi; er ist gut, aber nicht gut. Der Einzelne muss die Kraft haben, in den tatsächlichen Konflikten des Lebens aufzustehen und etwas zu bewirken. Er muss Initiative, Beharrlichkeit, Ausdauer, Mut und Fleiß haben. Er muss, mit einem Wort, all das haben, was man unter dem Namen "Charakterstärke" versteht. Zweifellos sind die Menschen in dieser Hinsicht von Natur aus sehr unterschiedlich ausgestattet. Nichtsdestoweniger hat jeder eine gewisse Grundausstattung an Impulsen, an Vorwärtsdrang, an angeborenem Tatendrang. Das Problem der Erziehung besteht darin, diesen angeborenen Kraftfundus zu entdecken und ihn dann so zu nutzen (indem man Bedingungen schafft, die sowohl anregen als auch kontrollieren), dass er sich in bestimmten, konservierten Handlungsweisen und Gewohnheiten organisiert.

(2) Aber es ist mehr erforderlich als bloße Gewalt. Reine Gewalt kann brutal sein; sie kann sich über die Interessen anderer hinwegsetzen. Selbst wenn sie auf die richtigen Ziele abzielt, kann sie diese auf eine Art und Weise verfolgen, die die Rechte anderer verletzt. Darüber hinaus gibt es bei reiner Gewalt keine Garantie für das richtige Ziel. Die Effizienz kann auf falsche Ziele gerichtet sein und zu positivem Unheil und Zerstörung führen. Macht muss, wie bereits angedeutet, gelenkt werden.

Sie muss in soziale Bahnen gelenkt werden; sie muss an wertvolle Ziele gebunden sein.

Dazu gehört eine Ausbildung sowohl auf der intellektuellen als auch auf der emotionalen Seite. Auf der intellektuellen Seite müssen wir ein Urteilsvermögen haben - das, was man gemeinhin als gesunden Menschenverstand bezeichnet. Der Unterschied zwischen bloßem Wissen oder Informationen und dem Urteilsvermögen besteht darin, dass ersteres einfach nur vorhanden ist und nicht genutzt wird; das Urteilsvermögen ist ein Wissen, das auf die Erreichung von Zielen ausgerichtet ist. Ein gutes Urteilsvermögen ist ein Gespür für entsprechende oder verhältnismäßige Werte. Wer ein Urteilsvermögen besitzt, hat die Fähigkeit, eine Situation einzuschätzen. Er ist derjenige, der den Schauplatz oder die Situation, die vor ihm liegt, erfassen kann und dabei ignoriert, was irrelevant oder im Moment unwichtig ist, der die Faktoren, die Aufmerksamkeit erfordern, erfassen und sie entsprechend ihrer jeweiligen Ansprüche einstufen kann. Bloßes Wissen darüber, was das Richtige ist, im Abstrakten, bloße Absichten, das Richtige im Allgemeinen zu befolgen, wie lobenswert sie auch sein mögen, sind niemals ein Ersatz für diese Kraft des geschulten Urteils. Das Handeln ist immer konkret. Es ist konkret und individuell. Wenn es nicht durch die Kenntnis der tatsächlichen konkreten Faktoren in der Situation, in der es stattfindet, unterstützt und kontrolliert wird, muss es daher relativ nutzlos und vergeudet sein.

(3) Aber das Bewusstsein der Ziele muss mehr als nur intellektuell sein. Wir können uns einen Menschen vorstellen, der über ein ausgezeichnetes Urteilsvermögen verfügt und dennoch nicht nach seinem Urteil handelt. Es muss nicht nur Kraft vorhanden sein, um die An-

strengung bei der Ausführung gegen Hindernisse zu sichern, sondern es muss auch eine zarte persönliche Empfänglichkeit vorhanden sein, es muss eine emotionale Reaktion geben. In der Tat ist ein gutes Urteilsvermögen ohne diese Empfänglichkeit unmöglich. Ohne eine prompte und fast instinktive Sensibilität für die Umstände, für die Ziele und Interessen anderer, wird die intellektuelle Seite des Urteilsvermögens kein geeignetes Material zur Verfügung haben, an dem es arbeiten kann. So wie das Material der Erkenntnis durch die Sinne geliefert wird, so wird das Material der ethischen Erkenntnis durch emotionale Empfänglichkeit geliefert. Es ist schwierig, diese Eigenschaft in Worte zu fassen, aber wir alle kennen den Unterschied zwischen einem Charakter, der hart und formal ist, und einem, der einfühlsam, flexibel und offen ist. Abstrakt betrachtet mag der erstere ebenso aufrichtig den moralischen Ideen verpflichtet sein wie der letztere, aber in der Praxis ziehen wir es vor, mit dem letzteren zu leben. Wir verlassen uns darauf, dass sie durch Taktgefühl, durch instinktives Erkennen der Ansprüche anderer und durch Geschicklichkeit bei der Anpassung mehr erreicht, als die erstere durch bloßes Festhalten an Regeln erreichen kann.

Hier ist also der moralische Maßstab, an dem die Arbeit der Schule in Bezug auf das, was sie unmittelbar für den Einzelnen tut, zu prüfen ist. (*a*) Legt die Schule als System gegenwärtig genügend Wert auf die spontanen Instinkte und Triebe? Bietet sie diesen ausreichend Gelegenheit, sich zu behaupten und ihre eigenen Ergebnisse zu erzielen? Kann man überhaupt sagen, dass die Schule gegenwärtig prinzipiell eher auf die aktiven konstruktiven Kräfte setzt als auf Prozesse der Aufnahme und des Lernens? Wird die Rede von der Selbsttätigkeit nicht weitgehend bedeutungslos, weil die Selbsttätigkeit, die wir im Auge haben, rein "intellektuell" ist, außerhalb der Beziehung zu den Impulsen, die durch Hand und Auge wirken?

Gerade in dem Maße, in dem die gegenwärtigen Schulmethoden dem Test solcher Fragen nicht standhalten, müssen die moralischen Ergebnisse unbefriedigend sein. Wir können die Entwicklung einer positiven Charakterkraft nicht sicherstellen, wenn wir nicht bereit sind, den Preis dafür zu zahlen. Wir können die Kräfte des Kindes nicht unterdrücken und unterdrücken oder sie allmählich abtreiben (aus Mangel an Gelegenheit zur Übung) und dann einen Charakter mit Initiative und fortlaufendem Fleiß erwarten. Ich bin mir der Bedeutung bewusst, die der Hemmung zukommt, aber bloße Hemmung ist wertlos. Die einzige Hemmung, das einzige Festhalten, das von Wert ist, ist das, was durch die Konzentration der Kräfte auf ein positives Ziel entsteht. Ein Ziel kann nur dann erreicht werden, wenn Instinkte und Impulse daran gehindert werden, sich willkürlich zu entladen und auf Nebengleise zu geraten. Indem man die Kräfte auf ihren jeweiligen Zweck konzentriert, gibt es genügend Gelegenheit für echte Hemmung. Zu sagen, Hemmung sei höher als Macht, ist so, als würde man sagen, der Tod sei höher als das Leben, die Verneinung höher als die Bejahung, das Opfer höher als der Dienst.

(b) Wir müssen unsere schulische Arbeit auch daraufhin überprüfen, ob sie die notwendigen Voraussetzungen für die Bildung eines guten Urteilsvermögens bietet. Urteilsvermögen als Sinn für relative Werte beinhaltet die Fähigkeit zur Auswahl, zur Unterscheidung. Die Aneignung von Informationen kann niemals die Urteilskraft entwickeln. Die Entwicklung des Urteilsvermögens erfolgt trotz und nicht wegen der Unterrichtsmethoden, die das einfache Lernen in den Vordergrund stellen. Der Test kommt erst, wenn die erworbenen Informationen angewendet werden müssen. Wird sie das tun, was wir von ihr erwarten? Ich habe eine erfahrene Pädagogin sagen hören, dass ihrer Meinung nach der größte Mangel des heutigen Unterrichts im intellektuellen Bereich darin besteht, dass die Kinder die Schule ohne eine geistige Perspektive verlassen. Fakten scheinen ihnen alle gleich wichtig zu sein. Es gibt keinen Vorder- oder Hintergrund. Es gibt keine instinktive Gewohnheit, Fakten auf einer Werteskala zu sortieren und zu bewerten.

Das Kind kann nur dann Urteilsfähigkeit erlangen, wenn es sich ständig in der Bildung und Prüfung von Urteilen übt. Es muss die Möglichkeit haben, für sich selbst auszuwählen und zu versuchen, seine Auswahl in die Tat umzusetzen, damit es sie der letzten Prüfung unterziehen kann, nämlich der des Handelns. Nur so kann er lernen, das, was Erfolg verspricht, von dem zu unterscheiden, was Misserfolg verspricht; nur so kann er die Gewohnheit entwickeln, seine Ziele und Vorstellungen mit den Bedingungen in Beziehung zu setzen, die ihren Wert bestimmen. Bietet die Schule als System gegenwärtig ausreichend Gelegenheit für diese Art von Experimenten? Sofern der Schwerpunkt der schulischen Arbeit nicht auf intelligentem Tun, auf aktiver Erkundung liegt, bietet sie nicht die notwendigen Bedingungen für die Ausübung des Urteilsvermögens, das ein wesentlicher Faktor für einen guten Charakter ist.

(c) Ich werde mich kurz fassen, was den anderen Punkt betrifft, nämlich die Notwendigkeit von Empfänglichkeit und Reaktionsfähigkeit. Die informelle, soziale Seite der Erziehung, das ästhetische Umfeld und die Einflüsse sind von großer Bedeutung. In dem Maße, in dem die Arbeit in geregelten und formulierten Bahnen verläuft, in dem Maße, in dem es an Gelegenheiten zum zwanglosen und freien sozialen Verkehr zwischen den Schülern und zwischen den Schülern und dem Lehrer mangelt, wird diese Seite der kindlichen Natur entweder ausgehungert, oder sie wird dem Zufall überlassen, der sich auf mehr oder weniger geheimen Wegen ausdrückt. Wenn das Schulsystem unter dem Vorwand des Praktischen (und damit ist das Praktische im engeren Sinne des Nützlichen gemeint) das Kind auf die drei "R" und die damit verbundenen formalen Studien beschränkt, es vom Lebendigen in Literatur und Geschichte ausschließt und ihm das Recht auf Kontakt mit dem Besten in Architektur, Musik, Bildhauerei und Malerei verwehrt, ist es hoffnungslos, definitive Ergebnisse bei der Ausbildung von sympathischer Offenheit und Reaktionsfähigkeit zu erwarten.

Was wir in der Erziehung brauchen, ist ein echter Glaube an die Existenz moralischer Grundsätze, die sich wirksam anwenden lassen. Wir glauben, was die Masse der Kinder betrifft, dass wir ihnen, wenn wir lange genug dranbleiben, Lesen, Schreiben und Rechnen beibringen können. Wir sind praktisch, wenn auch unbewusst, skeptisch, was die Möglichkeit einer ähnlichen Sicherheit in der Moral angeht. Wir glauben zwar an moralische Gesetze und Regeln, aber sie liegen in der Luft. Sie sind etwas, das sich von selbst auslöst. Sie sind so *sehr* "moralisch", dass sie keinen funktionierenden Kontakt mit den durchschnittlichen Angelegenheiten des täglichen Lebens haben. Diese moralischen Prinzipien müssen auf den Boden der Tatsachen geholt werden, indem sie in sozialer und psychologischer Hinsicht erklärt werden . Wir müssen sehen, dass moralische Prinzipien nicht willkürlich sind, dass sie nicht "transzendental" sind; dass der Begriff "moralisch" nicht einen besonderen Bereich oder Teil des Lebens bezeichnet. Wir müssen die Moral in die Bedingungen und Kräfte unseres Gemeinschaftslebens und in die Impulse und Gewohnheiten des Einzelnen übersetzen.

Alles andere ist Minze, Anis und Kümmel. Das Einzige, was wir brauchen, ist die Erkenntnis, dass moralische Prinzipien in demselben Sinne real sind, in dem andere Kräfte real sind; dass sie dem Gemeinschaftsleben und der Arbeitsstruktur des Einzelnen innewohnen. Wenn wir uns einen echten Glauben an diese Tatsache sichern können, haben wir die Bedingung geschaffen, die allein notwendig ist, um unserem Erziehungssystem all die Wirksamkeit zu verleihen, die es hat. Der Lehrer, der in diesem Glauben handelt, wird jedes Fach, jede Unterrichtsmethode, jedes Ereignis des Schullebens mit moralischen Möglichkeiten durchdrungen finden.

DAS KIND
UND
DER LEHRPLAN

Tiefgreifende Unterschiede in der Theorie sind niemals grundlos oder erfunden. Sie ergeben sich aus den widersprüchlichen Elementen eines echten Problems - eines Problems, das gerade deshalb echt ist, weil die Elemente, so wie sie sind, widersprüchlich sind. Zu jedem bedeutenden Problem gehören Bedingungen, die sich im Moment noch gegenseitig widersprechen. Eine Lösung ist nur möglich, wenn man sich von der bereits festgelegten Bedeutung der Begriffe löst und die Bedingungen von einem anderen Standpunkt aus und somit in einem neuen Licht sieht. Aber diese Rekonstruktion bedeutet Mühsal des Denkens. Einfacher als das Denken unter Aufgabe bereits gebildeter Vorstellungen und Loslösung von bereits gelernten Tatsachen ist es, einfach bei dem zu bleiben, was bereits gesagt wurde, und nach etwas zu suchen, mit dem man es gegen Angriffe stützen kann.

So entstehen Sekten: Schulen der Meinung. Jede wählt die Bedingungen aus, die ihr zusagen, und erhebt sie dann zu einer vollständigen und unabhängigen Wahrheit, anstatt sie als einen Faktor in einem Problem zu behandeln, der angepasst werden muss.

Die grundlegenden Faktoren im Erziehungsprozess sind ein unreifes, unentwickeltes Wesen und bestimmte soziale Ziele, Bedeutungen und Werte, die sich in der reifen Erfahrung des Erwachsenen verkörpern. Der Erziehungsprozess ist die gebührende Interaktion dieser Kräfte. Das Wesen der Pädagogik besteht darin, diese Kräfte in einem Verhältnis zueinander zu sehen, das eine möglichst vollständige und freie Interaktion ermöglicht.

Aber hier beginnt die Anstrengung des Denkens. Es ist leichter, die Bedingungen getrennt voneinander zu sehen, auf der einen auf Kosten der anderen zu bestehen, sie zu Antagonisten zu machen, als eine Realität zu entdecken, zu der jede gehört. Es ist leicht, sich auf etwas in der Natur des Kindes oder auf etwas im entwickelten Bewusstsein des Erwachsenen zu stützen und *darauf* als Schlüssel zum ganzen Problem zu bestehen. Wenn dies geschieht, wird ein wirklich ernstes praktisches Problem - das der Interaktion - in ein irreales und daher unlösbares theoretisches Problem verwandelt. Anstatt das Erzieherische stetig und als Ganzes zu sehen, sehen wir widersprüchliche Begriffe. Wir bekommen den Fall des Kindes *gegen den* Lehrplan; der individuellen Natur *gegen die* soziale Kultur. Unterhalb aller anderen Spaltungen in der pädagogischen Meinung liegt dieser Gegensatz.

Das Kind lebt in einer recht engen Welt der persönlichen Kontakte. Es erfährt kaum etwas, es sei denn, es berührt auf intime und offensichtliche Weise sein eigenes Wohlergehen oder das seiner Familie und Freunde. Seine Welt ist eher eine Welt der Personen mit ihren persönlichen Interessen als ein Reich der Fakten und Gesetze. Nicht die Wahrheit im Sinne der Übereinstimmung mit äußeren Tatsachen, sondern Zuneigung und Sympathie sind ihr Grundton. Im Gegensatz dazu bietet das Studium in der Schule einen Stoff, der unendlich weit in der Zeit zurückreicht und sich unendlich weit in den Raum hinein erstreckt. Das Kind wird aus seiner vertrauten physischen Umgebung, die kaum mehr als eine Quadratmeile groß ist, in die weite Welt hinausgetragen - ja, sogar bis an die Grenzen des Sonnensystems. Seine kleine Spanne persönlicher Erinnerung und

Tradition wird überlagert von den langen Jahrhunderten der Geschichte aller Völker.

Auch hier ist das Leben des Kindes ein ganzheitliches, ein totales Leben. Es geht schnell und bereitwillig von einem Thema zum anderen über, wie von einem Ort zum anderen, aber es ist sich des Übergangs oder der Unterbrechung nicht bewusst. Es gibt keine bewusste Isolierung, kaum bewusste Unterscheidung. Die Dinge, die ihn beschäftigen, werden durch die Einheit der persönlichen und sozialen Interessen zusammengehalten, die sein Leben mit sich bringt. Was auch immer in seinem Kopf an erster Stelle steht, stellt für ihn im Moment das ganze Universum dar. Dieses Universum ist flüssig und fließend; sein Inhalt löst sich auf und formt sich mit erstaunlicher Schnelligkeit neu. Aber schließlich ist es die Welt des Kindes selbst. Sie hat die Einheit und Vollständigkeit seines eigenen Lebens. Es geht in die Schule, und verschiedene Fächer teilen und zerlegen die Welt für es. Die Geographie wählt aus, sie abstrahiert und analysiert eine Reihe von Fakten, und zwar unter einem bestimmten Gesichtspunkt. Die Arithmetik ist eine weitere Unterteilung, die Grammatik eine weitere Abteilung und so weiter, bis ins Unendliche.

Auch in der Schule wird jedes dieser Themen klassifiziert. Fakten werden von ihrem ursprünglichen Platz in der Erfahrung weggerissen und unter Bezugnahme auf ein allgemeines Prinzip neu geordnet. Die Klassifizierung ist keine Angelegenheit der kindlichen Erfahrung; die Dinge kommen dem Einzelnen nicht in einer Schublade. Die lebendigen Bande der Zuneigung, die verbindenden Bande der Aktivität halten die Vielfalt seiner persönlichen Erfahrungen zusammen. Der erwachsene Verstand ist mit der Vorstellung von logisch geordneten Tatsachen so vertraut, dass er nicht erkennt - er kann es nicht realisieren -, wie sehr die Tatsachen der unmittelbaren Erfahrung getrennt und umformuliert werden müssen, bevor sie als "Studie" oder Lernzweig erscheinen können. Für den Intellekt musste ein Prinzip unterschieden und definiert werden; die Tatsachen mussten in Bezug auf dieses Prinzip interpretiert werden, nicht so, wie sie an sich sind. Sie mussten um ein neues Zentrum, das völlig abstrakt und ideal ist, neu gesammelt werden. All dies bedeutet die Entwicklung eines besonderen intellektuellen Interesses. Es bedeutet die Fähigkeit, Tatsachen unvoreingenommen und objektiv zu betrachten, das heißt ohne Bezugnahme auf ihren Platz und ihre Bedeutung in der eigenen Erfahrung. Es bedeutet die Fähigkeit, zu analysieren und zu synthetisieren. Es bedeutet hochentwickelte intellektuelle Gewohnheiten und die Beherrschung einer bestimmten Technik und eines bestimmten Apparats der wissenschaftlichen Untersuchung. Die klassifizierten Studien sind, mit einem Wort, das Produkt der Wissenschaft der Zeitalter, nicht der Erfahrung des Kindes.

Diese scheinbaren Abweichungen und Unterschiede zwischen Kind und Lehrplan könnten fast unendlich erweitert werden. Aber wir haben es hier mit hinreichend fundamentalen Divergenzen zu tun: erstens die enge, aber persönliche Welt des Kindes gegenüber der unpersönlichen, aber unendlich ausgedehnten Welt von Raum und Zeit; zweitens die Einheit, die Ganzheitlichkeit des kindlichen Lebens und die Spezialisierungen und Teilungen des Lehrplans; drittens ein abstraktes Prinzip der logischen Klassifizierung und Anordnung und die praktischen und emotionalen Bindungen des kindlichen Lebens.

Aus diesen Konflikten erwachsen verschiedene pädagogische Sekten. Die eine Schule legt ihr Augenmerk auf die Bedeutung des Lehrstoffs im Vergleich zu den Inhalten der eigenen Erfahrung des Kindes. Es ist, als ob sie sagen würden: Ist das Leben unbedeutend, eng und grob? Dann offenbart das Studium das große, weite Universum mit all seiner Fülle und Komplexität der Bedeutung. Ist das Leben des Kindes egoistisch, egozentrisch, impulsiv? Dann wird in diesen Studien ein objektives Universum der Wahrheit, des Gesetzes und der Ordnung gefunden. Ist seine Erfahrung verworren, vage, unsicher, der Willkür des Augenblicks und den Umständen ausgeliefert? Dann führen Studien eine Welt ein, die auf der Grundlage einer ewigen und allgemeinen Wahrheit geordnet ist; eine Welt, in der alles gemessen und definiert ist. Daraus ergibt sich die Moral: Ignorieren und minimieren Sie die individuellen Eigenheiten, Launen und Erfahrungen des Kindes. Sie sind es, von denen wir uns lösen müssen. Sie sollen verdeckt oder eliminiert werden. Unsere Aufgabe als Erzieher ist es, diese oberflächlichen und beiläufigen Angelegenheiten durch stabile und geordnete Realitäten zu ersetzen, und diese finden sich in Studium und Unterricht.

Unterteilen Sie jedes Thema in Studien; jede Studie in Lektionen; jede Lektion in spezifische Fakten und Formeln. Lassen Sie das Kind Schritt für Schritt vorgehen, um jeden dieser separaten Teile zu meistern, und schließlich wird es den gesamten Boden bedeckt haben. Der Weg, der in seiner Gesamtheit betrachtet so lang erscheint, ist leicht zu bewältigen, wenn man ihn als eine Reihe von einzelnen Schritten betrachtet. Auf diese Weise wird der Schwerpunkt auf die logische Unterteilung und Vervollständigung des Stoffes gelegt. Probleme des Unterrichts sind Probleme der Beschaffung von Texten, die logische Teile und Sequenzen enthalten, und der Präsentation dieser Teile im Unterricht in einer ähnlich eindeutigen und abgestuften Weise. Der Gegenstand gibt den Zweck vor, und er bestimmt die Methode. Das Kind ist einfach das unreife Wesen, das gereift werden soll; es ist das oberflächliche Wesen, das vertieft werden soll; es ist die schmale Erfahrung, die erweitert werden soll. Es ist seine Aufgabe zu empfangen, zu akzeptieren. Seine Rolle ist erfüllt, wenn er nachgiebig und gefügig ist.

Nicht so, sagt die andere Sekte. Das Kind ist der Ausgangspunkt, das Zentrum und das Ende. Seine Entwicklung, sein Wachstum, ist das Ideal. Es allein liefert den Maßstab. Dem Wachstum des Kindes sind alle Studien untergeordnet; sie sind Instrumente, die geschätzt werden, weil sie den Bedürfnissen des Wachstums dienen. Die Persönlichkeit, der Charakter, ist mehr als der Lernstoff. Nicht Wissen oder Information, sondern Selbstverwirklichung ist das Ziel. Die ganze Welt des Wissens zu besitzen und dabei sein eigenes Selbst zu verlieren, ist in der Bildung ein ebenso schreckliches Schicksal wie in der Religion. Außerdem kann der Lernstoff niemals von außen in das Kind hineingetragen werden. Lernen ist aktiv. Es bedeutet, den Verstand auszustrecken. Es bedeutet organische Assimilation von innen heraus. Im wahrsten Sinne des Wortes müssen wir uns auf die Seite des Kindes stellen und uns von ihm entfernen. Es ist das Kind und nicht der Lernstoff, der die Qualität und Quantität des Lernens bestimmt.

Die einzige bedeutsame Methode ist die Methode des Geistes, wenn er nach etwas greift und es aufnimmt. Die Materie ist nur geistige Nahrung, mögliches Nährmaterial. Sie kann sich nicht selbst verdauen; sie kann sich nicht von selbst in Knochen, Muskeln und Blut verwandeln. Die Quelle all dessen, was in der Schule tot, mechanisch und formal ist, liegt genau in der Unterordnung des Lebens und der Erfahrung des Kindes unter den Lehrplan. Das ist der Grund dafür, dass "Lernen" zu einem Synonym für das Lästige geworden ist und eine Lektion mit einer Aufgabe identisch ist.

Dieser grundlegende Gegensatz zwischen Kind und Lehrplan, der von diesen beiden Lehrmeinungen aufgestellt wird, lässt sich in einer Reihe von anderen Begriffen wiederholen. "Disziplin" ist das Schlagwort derjenigen, die den Studiengang hochhalten; "Interesse" das derjenigen, die "Das Kind" auf ihre Fahne schreiben. Der Standpunkt der Ersteren ist logisch, der der Letzteren psychologisch. Ersterer betont die Notwendigkeit einer angemessenen Ausbildung und Gelehrsamkeit des Lehrers, letzterer die Notwendigkeit der Sympathie mit dem Kind und der Kenntnis seiner natürlichen Instinkte. "Anleitung und Kontrolle" sind die Schlagworte der einen Schule, "Freiheit und Initiative" die der anderen. Hier wird das Gesetz behauptet, dort die Spontaneität verkündet. Das Alte, die Bewahrung dessen, was in Mühsal und Arbeit der Jahrhunderte erreicht wurde, ist dem einen lieb, das Neue, der Wandel, der Fortschritt, gewinnt die Zuneigung des anderen. Trägheit und Routine, Chaos und Anarchismus sind Beschuldigungen, die hin und her geworfen werden. Vernachlässigung der heiligen Autorität der Pflicht wird von der einen Seite angeklagt, um dann mit dem Gegenvorwurf der Unterdrückung der Individualität durch tyrannischen Despotismus konfrontiert zu werden.

Solche Widersprüche werden selten bis zu ihrem logischen Ende geführt. Der gesunde Menschenverstand schreckt vor dem extremen Charakter dieser Ergebnisse zurück. Sie werden den Theoretikern überlassen, während der gesunde Menschenverstand in einem Labyrinth widersprüchlicher Kompromisse hin und her schwankt. Die Notwendigkeit, Theorie und praktische Vernunft in eine engere Verbindung zu bringen, legt es nahe, zu unserer ursprünglichen These zurückzukehren: dass wir es hier mit Bedingungen zu tun haben, die im Erziehungsprozess notwendigerweise aufeinander bezogen sind, da dieser ja gerade ein Prozess der Interaktion und Anpassung ist.

Worin besteht also das Problem? Es geht nur darum, sich von der vorurteilsbehafteten Vorstellung zu befreien, dass zwischen der Erfahrung des Kindes und den verschiedenen Formen des Lehrstoffs, aus denen sich das Studium zusammensetzt, ein gewisser Unterschied in der Art (im Unterschied zum Grad) besteht. Auf der Seite des Kindes geht es darum zu sehen, wie seine Erfahrung bereits Elemente - Tatsachen und Wahrheiten - derselben Art enthält, die in das formulierte Studium einfließen; und, was noch wichtiger ist, wie sie die Einstellungen, die Motive und die Interessen in sich trägt, die bei der Entwicklung und Organisation des Themas bis zu der Ebene, die es jetzt einnimmt, gewirkt haben. Auf der Seite der Studien geht es darum, sie als Auswüchse von Kräften zu interpretieren, die im Leben des Kindes wirken, und die Schritte zu entdecken, die zwischen der gegenwärtigen Erfahrung des Kindes und seiner reicheren Reife liegen.

Wenn wir die Vorstellung aufgeben, dass der Lehrstoff etwas Fixes und Fertiges ist, das außerhalb der Erfahrung des Kindes liegt, wenn wir aufhören, die Erfahrung des Kindes als etwas Festes und Unveränderliches zu betrachten, wenn wir sie als etwas Fließendes, Embryonales, Lebendiges ansehen, dann erkennen wir, dass das Kind und der Lehrplan einfach zwei Grenzen sind, die einen einzigen Prozess definieren. So wie zwei Punkte eine gerade Linie definieren, so definieren der gegenwärtige Standpunkt des Kindes und die Fakten und Wahrheiten des Studiums den Unterricht. Es handelt sich um eine kontinuierliche Rekonstruktion, die sich von der gegenwärtigen Erfahrung des Kindes zu derjenigen hinbewegt, die von den organisierten Wahrheitskörpern, die wir Studien nennen, repräsentiert wird.

Auf den ersten Blick sind die verschiedenen Studien, Arithmetik, Geographie, Sprache, Botanik usw., selbst Erfahrung - sie sind die der Rasse. Sie verkörpern das kumulative Ergebnis der Bemühungen, des Strebens und der Erfolge der menschlichen Rasse von Generation zu Generation. Sie stellen dies nicht als eine bloße Anhäufung, nicht als einen gemischten Haufen einzelner Erfahrungsstücke dar, sondern in einer organisierten und systematisierten Weise - das heißt, als reflektiert formuliert.

Daher sind die Tatsachen und Wahrheiten, die in die gegenwärtige Erfahrung des Kindes eingehen, und die, die im Gegenstand des Studiums enthalten sind, die anfänglichen und endgültigen Begriffe einer einzigen Realität. Das eine dem anderen entgegenzusetzen bedeutet, die Kindheit und die Reife desselben heranwachsenden Lebens entgegenzusetzen; es bedeutet, die bewegende

Tendenz und das Endergebnis desselben Prozesses gegeneinander zu stellen; es bedeutet, zu behaupten, dass die Natur und das Schicksal des Kindes miteinander Krieg führen.

In diesem Fall stellt sich das Problem des Verhältnisses zwischen dem Kind und dem Lehrplan in dieser Form: Welchen pädagogischen Nutzen hat es, das Ende im Anfang zu sehen? Wie hilft es uns bei der Bewältigung der frühen Wachstumsphasen, wenn wir die späteren Phasen vorhersehen können? Die Studien stellen, wie wir vereinbart haben, die Entwicklungsmöglichkeiten dar, die in der unmittelbaren, rohen Erfahrung des Kindes liegen. Aber sie sind eben nicht Teil dieses gegenwärtigen und unmittelbaren Lebens. Warum also, oder wie, sollte man sie berücksichtigen?

Wenn man eine solche Frage stellt, ergibt sich die Antwort von selbst. Das Ergebnis zu sehen bedeutet zu wissen, in welche Richtung sich die gegenwärtige Erfahrung bewegt, vorausgesetzt, sie bewegt sich normal und gesund. Der weit entfernte Punkt, der für uns keine Bedeutung hat, weil er einfach nur weit weg ist, wird in dem Moment von enormer Bedeutung, in dem wir ihn als Definition einer gegenwärtigen Bewegungsrichtung betrachten. So gesehen ist er kein fernes und weit entferntes Ergebnis, das es zu erreichen gilt, sondern eine Leitmethode im Umgang mit der Gegenwart. Die systematisierte und definierte Erfahrung des erwachsenen Verstandes ist mit anderen Worten für uns von Wert, wenn wir das Leben des Kindes so interpretieren, wie es sich unmittelbar zeigt, und wenn wir zu einer Anleitung oder Richtung übergehen.

Betrachten wir einen Moment lang diese beiden Begriffe: Interpretation und Orientierung. Die gegenwärtige Erfahrung des Kindes ist in keiner Weise selbsterklärend. Sie ist nicht endgültig, sondern übergangsweise. Sie ist nichts Abgeschlossenes, sondern nur ein Zeichen oder ein Hinweis auf bestimmte Wachstumstendenzen. Solange wir unseren Blick auf das beschränken, was das Kind hier und jetzt äußert, sind wir verwirrt und irregeführt. Wir können seine Bedeutung nicht lesen. Extreme Abwertungen des Kindes in moralischer und intellektueller Hinsicht und sentimentale Idealisierungen des Kindes haben ihre Wurzel in einem gemeinsamen Irrtum. Beide beruhen darauf, dass man die Stufen eines Wachstums oder einer Bewegung als etwas Abgeschlossenes und Feststehendes betrachtet. Der erste verkennt die Verheißung, die in Gefühlen und Taten enthalten ist, die für sich genommen kompromisslos und abstoßend sind; der zweite verkennt, dass selbst die erfreulichsten und schönsten Darbietungen nur Zeichen sind und in dem Moment zu verderben und zu verfaulen beginnen, in dem sie als Errungenschaften behandelt werden.

Was wir brauchen, ist etwas, das uns in die Lage versetzt, die Elemente in den gegenwärtigen Auf- und Abgängen des Kindes, seine Demonstrationen von Kraft und Schwäche, im Lichte eines größeren Wachstumsprozesses, in dem sie ihren Platz haben, zu interpretieren und zu bewerten. Nur auf diese Weise können wir differenzieren. Wenn wir die gegenwärtigen Neigungen, Absichten und Erfahrungen des Kindes von dem Platz trennen, den sie einnehmen, und von der Rolle, die sie in einer sich entwickelnden Erfahrung zu spielen haben, stehen sie alle auf der gleichen Ebene; sie sind alle gleich gut und gleich schlecht. Aber in der Bewegung des Lebens stehen verschiedene Elemente auf verschiedenen Ebenen des Wertes. Einige Taten des Kindes sind Symptome einer nachlassenden Tendenz; sie sind Überbleibsel in der Funktionsweise eines Organs, das seine Aufgabe erfüllt hat und nun nicht mehr gebraucht wird. Solchen Eigenschaften positive Aufmerksamkeit zu schenken, bedeutet, die Entwicklung auf einer niedrigeren Ebene zu stoppen. Es bedeutet, systematisch eine rudimentäre Wachstumsphase aufrechtzuerhalten. Andere Tätigkeiten sind Zeichen einer kulminierenden Kraft und eines Interesses; für sie gilt die Maxime, das Eisen zu schmieden, solange es heiß ist. Für sie gilt vielleicht: jetzt oder nie. Ausgewählt, genutzt, hervorgehoben, können sie einen Wendepunkt in der gesamten Laufbahn des Kindes markieren; vernachlässigt, geht eine Gelegenheit verloren, an die nie wieder erinnert wird. Andere Handlungen und Gefühle haben prophetischen Charakter; sie stellen die Dämmerung eines flackernden Lichts dar, das erst in ferner Zukunft beständig leuchten wird. Was betrifft, so kann man ihnen im Moment nichts anderes tun, als ihnen eine faire und umfassende Chance zu geben und auf die Zukunft zu warten, um ihnen eine bestimmte Richtung zu geben.

So wie es im Großen und Ganzen die Schwäche der "alten Erziehung" war, die Unreife des Kindes mit der Reife des Erwachsenen zu vergleichen und die erstere als etwas zu betrachten, von dem man sich so schnell und so viel wie möglich entfernen muss, so ist es die Gefahr der "neuen Erziehung", die gegenwärtigen Kräfte und Interessen des Kindes als etwas endgültig Bedeutendes zu betrachten. In Wahrheit sind seine Lernergebnisse und Leistungen fließend und beweglich. Sie ändern sich von Tag zu Tag und von Stunde zu Stunde.

Es ist schädlich, wenn die Kinderforschung in der Öffentlichkeit den Eindruck hinterlässt, dass ein Kind in einem bestimmten Alter eine positive Ausstattung an Zielen und Interessen hat, die es zu kultivieren gilt, so wie sie sind. Interessen sind in Wirklichkeit nur Haltungen gegenüber möglichen Erfahrungen; sie sind keine Errungenschaften; ihr Wert liegt in der Hebelwirkung, die sie bieten, nicht in der Leistung, die sie darstellen. Wenn man die Phänomene, die sich in einem bestimmten Alter zeigen, in irgendeiner Weise als selbsterklärend oder in sich abgeschlossen betrachtet, führt das unweigerlich zu Nachsicht und Verwöhnung. Jede Kraft, ob die eines Kindes oder eines Erwachsenen, wird verwöhnt, wenn sie auf ihrer gegebenen und gegenwärtigen Bewusstseinsebene angenommen wird. Ihr wahrer Sinn liegt in dem Antrieb, den sie für eine höhere Ebene bietet. Sie ist einfach etwas, mit dem man zu tun hat. An das Interesse auf der gegenwärtigen Ebene zu appellieren, bedeutet Erregung; es bedeutet, mit einer Kraft zu spielen, um sie ständig aufzurütteln, ohne sie auf eine bestimmte Leistung zu lenken. Ständiges Initiieren, ständiges Beginnen von Aktivitäten, die nicht ankommen, ist in jeder Hinsicht genauso schlecht wie die ständige Unterdrückung der Initiative in Übereinstimmung mit den angeblichen Interessen eines vollkommeneren Gedankens oder Willens. Es ist so, als ob das Kind immer nur probieren und nie essen würde; immer wird sein Gaumen auf der emotionalen Seite gekitzelt, aber es bekommt nie die organische Befriedigung, die nur mit der Verdauung der Nahrung und ihrer Umwandlung in Arbeitskraft einhergeht.

Im Gegensatz zu einer solchen Auffassung dient der Gegenstand der Wissenschaft, der Geschichte und der Kunst dazu, uns das wahre Kind zu offenbaren. Wir kennen weder die Bedeutung seiner Neigungen noch seiner Leistungen, es sei denn, wir betrachten sie als keimende Samen oder sich öffnende Knospen einer Frucht, die getragen werden soll. Die ganze Welt der visuellen Natur ist eine viel zu kleine Antwort auf das Problem der Bedeutung des kindlichen Instinkts für Licht und Form. Die gesamte Wissenschaft der Physik ist nicht zu viel, um uns angemessen zu interpretieren, was in einer einfachen Forderung des Kindes nach einer Erklärung für eine zufällige Veränderung, die seine Aufmerksamkeit erregt hat, enthalten ist. Die Kunst von Raffael oder Corot ist nicht zu viel, um uns in die Lage zu versetzen, die Impulse zu würdigen, die in dem Kind aufsteigen, wenn es zeichnet und kleckst.

So viel zur Verwendung des Themas bei der Auslegung. Seine weitere Verwendung in Richtung oder Führung ist nur eine Erweiterung desselben Gedankens. Die Tatsache zu interpretieren bedeutet, sie in ihrer vitalen Bewegung zu sehen, sie in ihrer Beziehung zum Wachstum zu sehen. Aber sie als Teil eines normalen Wachstums zu sehen, bedeutet, die Grundlage für ihre Führung zu sichern. Lenkung ist keine äußere Auferlegung. *Es ist die Befreiung des Lebensprozesses für seine eigene, höchst angemessene Erfüllung.* Was über die Missachtung der gegenwärtigen Erfahrung des Kindes gesagt wurde, weil sie von der reifen Erfahrung weit entfernt ist, und über die sentimentale Idealisierung der naiven Launen und Leistungen des Kindes, kann hier mit leicht veränderten Formulierungen wiederholt werden. Es gibt diejenigen, die keine Alternative darin sehen, das Kind von außen zu zwingen oder es ganz allein zu lassen. Da sie keine Alternative sehen, wählen die einen die eine, die anderen die andere Methode. Beide verfallen in denselben grundlegenden Irrtum. Beide verkennen, dass die

Entwicklung ein bestimmter Prozess ist, der seine eigene Gesetzmäßigkeit hat, die nur dann erfüllt werden kann, wenn angemessene und normale Bedingungen gegeben sind. Um die gegenwärtigen groben Impulse des Kindes beim Zählen, Messen und Ordnen der Dinge in rhythmischen Reihen wirklich zu deuten, bedarf es mathematischer Gelehrsamkeit - einer Kenntnis der mathematischen Formeln und Beziehungen, die in der Geschichte der Rasse aus eben solchen groben Anfängen erwachsen sind. Die ganze Entwicklungsgeschichte zu sehen, die zwischen diesen beiden Begriffen liegt, bedeutet einfach, zu sehen, welchen Schritt das Kind gerade hier und jetzt tun muss; welchen Gebrauch es von seinem blinden Impuls machen muss, damit er Klarheit und Kraft gewinnt.

Wenn wiederum die "alte Erziehung" dazu neigte, die dynamische Qualität, die Entwicklungskraft, die der gegenwärtigen Erfahrung des Kindes innewohnt, zu ignorieren und daher anzunehmen, dass Richtung und Kontrolle nur eine Frage des willkürlichen Hineinstellens des Kindes in einen bestimmten Weg sind und es zwingen, diesen Weg zu gehen, so läuft die "neue Erziehung" Gefahr, die Idee der Entwicklung auf eine allzu formale und leere Weise zu übernehmen. Vom Kind wird erwartet, dass es diese oder jene Tatsache oder Wahrheit aus seinem eigenen Verstand heraus "entwickelt". Ihm wird gesagt, es solle sich die Dinge selbst ausdenken oder erarbeiten, ohne dass ihm irgendeine der Umgebungsbedingungen zur Verfügung gestellt wird, die notwendig sind, um das Denken in Gang zu setzen und zu leiten. Nichts kann aus dem Nichts entwickelt werden; nichts als das Rohe kann aus dem Rohen entwickelt werden - und das ist es, was mit Sicherheit geschieht, wenn wir das Kind auf sein erreichtes Selbst als eine Endgültigkeit zurückwerfen und es auffordern, neue Wahrheiten der Natur oder des Verhaltens daraus zu spinnen. Es ist sicherlich genauso sinnlos, von einem Kind zu erwarten, dass es ein Universum aus seinem eigenen bloßen Verstand heraus entwickelt, wie es für einen Philosophen ist, diese Aufgabe zu versuchen. Entwicklung bedeutet nicht nur, etwas aus dem Verstand herauszuholen. Es ist eine Entwicklung der Erfahrung und in die Erfahrung hinein, die wirklich gewollt ist. Und das ist nur möglich, wenn genau das erzieherische Medium zur Verfügung gestellt wird, das es den als wertvoll ausgewählten Kräften und Interessen ermöglicht, zu funktionieren. Sie müssen wirken, und wie sie wirken, hängt fast ausschließlich von den Reizen ab, die sie umgeben, und von dem Material, auf das sie sich auswirken. Das Richtungsproblem ist also das Problem der Auswahl geeigneter Reize für die Instinkte und Impulse, die bei der Gewinnung neuer Erfahrungen eingesetzt werden sollen. Welche neuen Erfahrungen wünschenswert sind und welche Reize daher benötigt werden, lässt sich nur sagen, wenn ein gewisses Verständnis für die angestrebte Entwicklung vorhanden ist; mit einem Wort, wenn das Wissen der Erwachsenen herangezogen wird, um den möglichen Werdegang des Kindes aufzuzeigen.

Es mag von Nutzen sein, den logischen und den psychologischen Aspekt der Erfahrung zu unterscheiden und zueinander in Beziehung zu setzen - ersterer steht für den Gegenstand an sich, letzterer für ihn im Verhältnis zum Kind. Eine psychologische Darstellung der Erfahrung folgt ihrer tatsächlichen Entwicklung; sie ist historisch; sie notiert die tatsächlich unternommenen Schritte, die unsicheren und mühsamen ebenso wie die wirksamen und erfolgreichen. Die logische Betrachtungsweise hingegen geht davon aus, dass die Entwicklung ein bestimmtes positives Stadium der Erfüllung erreicht hat. Sie vernachlässigt den Prozess und betrachtet das Ergebnis. Sie fasst zusammen und ordnet an und trennt so die erreichten Ergebnisse von den eigentlichen Schritten, durch die sie überhaupt erst zustande gekommen sind. Wir können den Unterschied zwischen dem Logischen und dem Psychologischen mit dem Unterschied zwischen den Notizen vergleichen, die ein Entdecker in einem neuen Land macht, wenn er eine Spur legt und sich so gut wie möglich zurechtfindet, und der fertigen Karte, die erstellt wird, nachdem das Land gründlich erforscht worden ist. Die beiden bedingen sich gegenseitig. Ohne die mehr oder weniger zufälligen und verschlungenen Wege, die der Entdecker zurückgelegt hat, gäbe es keine Fakten, die bei der Erstellung der vollständigen und zusammenhängenden Karte verwendet werden könnten. Aber niemand würde den Nutzen aus der Reise des Entdeckers ziehen, wenn sie nicht mit ähnlichen, von anderen unternommenen Wanderungen verglichen und überprüft würde; es sei denn, die neu erlernten geographischen Tatsachen, die überquerten Ströme, die bestiegenen Berge usw. würden nicht als bloße Zwischenfälle auf der Reise des einzelnen Reisenden betrachtet, sondern (ganz unabhängig vom Leben des einzelnen Entdeckers) in Beziehung zu anderen ähnlichen, bereits bekannten Tatsachen. Die Karte ordnet die einzelnen Erfahrungen und verbindet sie miteinander, unabhängig von den örtlichen und zeitlichen Umständen und Zufällen ihrer ursprünglichen Entdeckung.

Was nützt diese formulierte Aussage über die Erfahrung? Welchen Nutzen hat die Karte?

Nun, wir können zunächst sagen, was die Karte nicht ist. Die Karte ist kein Ersatz für eine persönliche Erfahrung. Die Karte tritt nicht an die Stelle einer tatsächlichen Reise. Das logisch formulierte Material einer Wissenschaft oder eines Lernzweiges, eines Studiums, ist kein Ersatz für das Vorhandensein individueller Erfahrungen. Die mathematische Formel für einen fallenden Körper ersetzt nicht den persönlichen Kontakt und die unmittelbare individuelle Erfahrung mit dem fallenden Ding. Aber die Landkarte, eine Zusammenfassung, ein geordneter Überblick über frühere Erfahrungen, dient als Leitfaden für künftige Erfahrungen; sie gibt die Richtung vor; sie erleichtert die Kontrolle; sie spart Anstrengung, indem sie unnützes Umherirren verhindert und die Wege aufzeigt, die am schnellsten und sichersten zu einem gewünschten Ergebnis führen. Durch die Karte kann jeder neue Reisende für seine eigene Reise von den Ergebnissen der Erkundungen anderer ( ) profitieren, ohne die Energieverschwendung und den Zeitverlust, die mit ihren Wanderungen verbunden sind - Wanderungen, die er selbst wiederholen müsste, wenn er nicht die Hilfe der objektiven und verallgemeinerten Aufzeichnung ihrer Leistungen hätte. Das, was wir als Wissenschaft oder Studium bezeichnen, bringt das Nettoprodukt der vergangenen Erfahrung in die Form, die es für die Zukunft am besten verfügbar macht. Sie stellt eine Kapitalisierung dar, die sofort in Zinsen umgewandelt werden kann. Sie ökonomisiert die Arbeit des Geistes in jeder Hinsicht. Das Gedächtnis wird weniger beansprucht, weil die Tatsachen um ein gemeinsames Prinzip gruppiert sind, anstatt nur mit den verschiedenen Ereignissen ihrer ursprünglichen Entdeckung verbunden zu sein. Die Beobachtung wird unterstützt; wir wissen, wonach wir suchen und wo wir suchen müssen. Es ist der Unterschied zwischen der Suche nach einer Nadel im Heuhaufen und der Suche nach einem bestimmten Papier in einem gut geordneten Schrank. Das Denken wird gelenkt, weil es einen bestimmten allgemeinen Weg oder eine Linie gibt, entlang derer die Ideen auf natürliche Weise wandern, anstatt von einer zufälligen Assoziation zur nächsten zu gelangen.

Es gibt also nichts Endgültiges an einer logischen Wiedergabe der Erfahrung. Ihr Wert ist nicht in sich selbst enthalten; ihre Bedeutung ist die eines Standpunktes, einer Perspektive, einer Methode. Sie steht zwischen den eher zufälligen, zaghaften und umständlichen Erfahrungen der Vergangenheit und den kontrollierteren und geordneteren Erfahrungen der Zukunft. Sie gibt die Erfahrungen der Vergangenheit in der Form wieder, die sie am verfügbarsten und aussagekräftigsten macht, am fruchtbarsten für zukünftige Erfahrungen. Die Abstraktionen, Verallgemeinerungen und Klassifizierungen, die sie einführt, haben alle eine zukünftige Bedeutung.

Das formulierte Ergebnis steht dann nicht im Gegensatz zum Wachstumsprozess. Das Logische wird nicht gegen das Psychologische gesetzt. Das erhobene und geordnete Ergebnis nimmt eine kritische Position im Wachstumsprozess ein. Es markiert einen Wendepunkt. Es zeigt, wie wir den Nutzen vergangener Anstrengungen bei der Steuerung künftiger Bemühungen erhalten können. Im weitesten Sinne ist der logische Standpunkt selbst psychologisch; er hat seine Bedeutung als ein Punkt in der Entwicklung der Erfahrung, und seine Rechtfertigung liegt in seiner Funktion für das künftige Wachstum, das er gewährleistet.

Daraus ergibt sich die Notwendigkeit, den Gegenstand des Studiums oder der Ausbildung wieder in die Erfahrung zu bringen. Er muss in die Erfahrung zurückgeführt werden, von der er abstrahiert worden ist. Er muss *psychologisiert*, umgedreht, in das unmittelbare und individuelle Erleben übersetzt werden, in dem er seinen Ursprung und seine Bedeutung hat.

Jede Studie oder jedes Fach hat also zwei Aspekte: einen für den Wissenschaftler als Wissenschaftler, den anderen für den Lehrer als Lehrer. Diese beiden Aspekte sind in keiner Weise gegensätzlich oder widersprüchlich. Aber sie sind auch nicht unmittelbar identisch. Für den Wissenschaftler stellt der Gegenstand einfach einen gegebenen Wahrheitsgehalt dar, der dazu dient, neue Probleme zu finden, neue Forschungen einzuleiten und sie zu einem verifizierten Ergebnis zu führen. Für ihn ist der Gegenstand der Wissenschaft in sich geschlossen. Er bezieht verschiedene Teile davon aufeinander; er verbindet neue Tatsachen mit ihm. Als Wissenschaftler ist er nicht dazu aufgerufen, sich außerhalb der besonderen Grenzen zu bewegen; wenn er es tut, dann nur, um weitere Fakten derselben allgemeinen Art zu erhalten. Das Problem des Lehrers ist ein anderes. Als Lehrer geht es ihm nicht darum, der Wissenschaft, die er lehrt, neue Fakten hinzuzufügen, neue Hypothesen aufzustellen oder sie zu überprüfen. Es geht ihm um den Gegenstand der Wissenschaft, der *eine bestimmte Stufe und Phase der Entwicklung der Erfahrung darstellt*. Sein Problem besteht darin, ein lebendiges und persönliches Erleben hervorzurufen. Daher geht es ihm als Lehrer um die Art und Weise, wie dieser Gegenstand zu einem Teil der Erfahrung werden kann; was es in der Gegenwart des Kindes gibt, das in Bezug auf diesen Gegenstand brauchbar ist; wie solche Elemente zu verwenden sind; wie sein eigenes Wissen über den Gegenstand dabei helfen kann, die Bedürfnisse und das Tun des Kindes zu interpretieren und das Medium zu bestimmen, in das das Kind gestellt werden sollte, damit sein Wachstum richtig gelenkt werden kann. Es geht ihm nicht um den Gegenstand als solchen, sondern um den Gegenstand als einen verwandten Faktor in einer umfassenden und wachsenden Erfahrung. Es so zu sehen, bedeutet, es zu psychologisieren.

Es ist das Versäumnis, den doppelten Aspekt des Lehrstoffs im Auge zu behalten, das dazu führt, dass der Lehrplan und das Kind gegeneinander ausgespielt werden, wie auf den ersten Seiten beschrieben. Der Lehrstoff hat, genau wie für den Wissenschaftler, keine direkte Beziehung zu der gegenwärtigen Erfahrung des Kindes. Es steht außerhalb davon. Die Gefahr, die hier besteht, ist nicht nur theoretischer Natur. Wir sind praktisch von allen Seiten bedroht. Schulbuch und Lehrer konkurrieren miteinander, wenn es darum geht, dem Kind den Stoff so zu präsentieren, wie er sich dem Fachmann darstellt. Die Änderungen und Überarbeitungen, die er erfährt, bestehen lediglich in der Beseitigung bestimmter wissenschaftlicher Schwierigkeiten und in der allgemeinen Herabsetzung auf ein niedrigeres intellektuelles Niveau. Der Stoff wird nicht in Lebensbegriffe übersetzt, sondern direkt als Ersatz für das gegenwärtige Leben des Kindes oder als externe Ergänzung dazu angeboten.

Daraus ergeben sich drei typische Übel: Erstens macht das Fehlen einer organischen Verbindung mit dem, was das Kind bereits gesehen, gefühlt und geliebt hat, das Material rein formal und symbolisch. In gewissem Sinne kann man das Formale und das Symbolische gar nicht hoch genug einschätzen. Die echte Form, das wirkliche Symbol, dienen als Methoden zur Wahrheitsfindung und -findung. Sie sind Werkzeuge, mit denen der Einzelne sicher und weit in unerforschte Gebiete vordringt. Sie sind Mittel, mit denen er das zur Geltung bringt, was er in vergangenen Suchvorgängen an Wirklichkeit zu gewinnen vermochte. Dies geschieht aber nur dann, wenn das Symbol wirklich symbolisiert - wenn es für tatsächliche Erfahrungen steht, die das Individuum bereits durchlaufen hat, und diese in Kurzform zusammenfasst. Ein Symbol, das von außen herbeigeführt wird, das nicht in vorbereitenden Tätigkeiten herbeigeführt wurde, ist, wie wir sagen, ein *bloßes* oder *bloßes* Symbol; es ist tot und unfruchtbar. Jede Tatsache, sei es in der Arithmetik, in der Geographie oder in der Grammatik, die nicht von etwas herauf- und hineingeführt wird, das vorher um seiner selbst willen eine bedeutende Stellung im Leben des Kindes eingenommen hat, ist in diese Stellung gezwungen. Es ist keine Realität, sondern nur das Zeichen einer Realität, die unter bestimmten Bedingungen erfahren werden *könnte*. Aber die abrupte Präsentation der Tatsache als etwas, das andere kennen und das das Kind nur studieren und lernen muss, schließt solche Erfüllungsbedingungen aus. Sie verurteilt die Tatsache dazu, eine Hieroglyphe zu sein: Sie würde etwas bedeuten, wenn man nur den Schlüssel hätte. Da der Schlüssel fehlt, bleibt es eine müßige Neugierde, die den Verstand beunruhigt und behindert, ein totes Gewicht, das ihn belastet.

Das zweite Übel bei dieser äußeren Präsentation ist der Mangel an Motivation. Es gibt nicht nur keine Tatsachen oder Wahrheiten, die zuvor als solche empfunden wurden, mit denen man sich das Neue aneignen und assimilieren könnte, sondern es gibt auch kein Verlangen, kein Bedürfnis, keine Nachfrage. Wenn das Thema psychologisiert wurde, d.h. als Auswuchs gegenwärtiger Tendenzen und Aktivitäten betrachtet wird, ist es leicht, in der Gegenwart ein Hindernis zu finden, sei es ein intellektuelles, praktisches oder ethisches, mit dem besser umgegangen werden kann, wenn die betreffende Wahrheit beherrscht wird. Dieses Bedürfnis liefert das Motiv für das Lernen. Ein Ziel, das dem Kind eigen ist, treibt es an, die Mittel zu seiner Verwirklichung zu besitzen. Wenn aber der Stoff direkt in Form einer Lektion geliefert wird, die als Lektion gelernt werden soll, sind die verbindenden Glieder von Bedürfnis und Ziel auffällig abwesend. Was wir unter mit dem Mechanischen und Toten im Unterricht meinen, ist eine Folge dieses Mangels an Motivation. Das Organische und Lebendige bedeutet Interaktion - es bedeutet das Spiel von geistiger Forderung und materiellem Angebot.

Das dritte Übel besteht darin, dass selbst der wissenschaftlichste und logischste Stoff diese Qualität verliert, wenn er dem Kind in einer äußeren, vorgefertigten Form präsentiert wird. Er muss verändert werden, um einige zu schwer verständliche Phasen auszuschließen und einige der damit verbundenen Schwierigkeiten zu verringern. Was geschieht dabei? Die Dinge, die für den wissenschaftlichen Menschen am bedeutsamsten und in der Logik der tatsächlichen Untersuchung und Klassifizierung am wertvollsten sind, fallen weg. Der wirklich zum Nachdenken anregende Charakter wird verdunkelt, und die organisierende Funktion verschwindet. Oder, wie man zu sagen pflegt, das Denkvermögen des Kindes, die Fähigkeit zur Abstraktion und Verallgemeinerung, ist nicht ausreichend entwickelt. So wird der Gegenstand seines logischen Wertes beraubt und, obwohl er nur vom logischen Standpunkt aus betrachtet das ist, was er ist, nur als "Gedächtnismaterial" präsentiert. Das ist der Widerspruch: Das Kind profitiert weder von der logischen Formulierung des Erwachsenen noch von seinen eigenen Fähigkeiten des Begreifens und Reagierens.

Daher wird die Logik des Kindes behindert und gedemütigt, und wir können uns fast glücklich schätzen, wenn es nicht tatsächlich Nicht-Wissenschaft erhält, flache und alltägliche Reste dessen, was vor ein oder zwei Generationen an wissenschaftlicher Vitalität gewann - entartete Reminiszenzen an das, was jemand anderes einst auf der Grundlage der Erfahrung formulierte, die eine andere Person vor langer Zeit gemacht hatte.

Der Zug des Übels reißt nicht ab. Nur allzu oft spielen sich die gegensätzlichen, falschen Theorien gegenseitig in die Hände. Psychologische Erwägungen können verleumdet oder beiseite geschoben werden; sie lassen sich nicht verdrängen. Wenn man sie aus der Tür wirft, kommen sie durch das Fenster zurück. Irgendwie und irgendwo muss an das Motiv appelliert werden, muss eine Verbindung zwischen dem Geist und seinem Material hergestellt werden. Die Frage ist nur, ob es sich um eine Verbindung handelt, die aus dem Material selbst in Bezug auf den Verstand erwächst, oder ob sie von einer äußeren Quelle importiert und angehängt wird. Wenn der Unterrichtsstoff so beschaffen ist, dass er einen angemessenen Platz im sich erweiternden Bewusstsein des Kindes einnimmt, wenn er aus seinem eigenen vergangenen Tun, Denken und Leiden herauswächst und in weiteren Leistungen und Empfänglichkeiten zur Anwendung kommt, dann muss kein Mittel oder methodischer Trick angewandt werden, um "Interesse" zu wecken. Das Psychologisierte *ist* von Interesse - das heißt, es ist in das Ganze des bewussten Lebens eingeordnet, so dass es am Wert dieses Lebens teilhat. Aber das von außen dargebotene Material, das von einem dem Kind entfernten Standpunkt und einer ihm fremden Haltung aus erdacht und erzeugt wird, hat keinen eigenen Platz. Daher der Rückgriff auf ein zufälliges Druckmittel, um es hineinzudrücken, auf einen fiktiven Drill, um es hineinzutreiben, auf eine künstliche Bestechung, um es hineinzulocken.

Drei Aspekte dieses Rückgriffs auf äußere Mittel, um dem Thema eine psychologische Bedeutung zu verleihen, sind erwähnenswert. Vertrautheit erzeugt Verachtung, aber sie erzeugt auch etwas wie Zuneigung. Wir gewöhnen uns an die Ketten, die wir tragen, und wir vermissen sie, wenn wir sie abnehmen. Es ist eine alte Geschichte, dass wir durch Gewohnheit schließlich das annehmen, was anfangs eine hässliche Gestalt hatte. Unangenehme, weil sinnlose Tätigkeiten können angenehm werden, wenn man sie lange genug ausübt. *Es ist möglich, dass der Geist Interesse an einer Routine oder einem mechanischen Verfahren entwickelt, wenn ständig Bedingungen gegeben sind, die diese Arbeitsweise erfordern und jede andere Art ausschließen.* Ich höre oft, dass stumpfsinnige Geräte und leere Übungen verteidigt und gepriesen werden, weil "die Kinder sich so sehr dafür interessieren." Ja, das ist das Schlimmste daran; der Geist, der von einer würdigen Beschäftigung ausgeschlossen ist und dem der Geschmack einer angemessenen Leistung fehlt, sinkt auf das Niveau dessen herab, was ihm zu wissen und zu tun überlassen wird, und interessiert sich zwangsläufig für eine verkappte und eingeengte Erfahrung. Befriedigung in seiner eigenen Übung zu finden, ist das normale Gesetz des Verstandes, und wenn dem Verstand eine große und sinnvolle Aufgabe verweigert wird, versucht er, sich mit den formalen Bewegungen zu begnügen, die ihm bleiben - und hat allzu oft Erfolg, außer in jenen Fällen intensiverer Aktivität, die sich selbst nicht unterbringen können und die das widerspenstige und *deklassierte* Produkt unserer Schule ausmachen. Das Interesse an der formalen Erfassung von Symbolen und ihrer auswendig gelernten Wiedergabe wird bei vielen Schülern zu einem Ersatz für das ursprüngliche und lebendige Interesse an der Wirklichkeit; und das alles nur, weil der Lernstoff keinen Bezug zum konkreten Geist des Individuums hat und ein Ersatzband, um ihn in zu halten, eine Art funktionierende Beziehung zum Geist entdeckt und ausgearbeitet werden muss.

Der zweite Ersatz für eine lebendige Motivation durch den Unterrichtsstoff ist der Kontrasteffekt: Der Unterrichtsstoff wird, wenn schon nicht an sich, so doch zumindest im Kontrast zu einer anderen Erfahrung interessant gemacht. Die Lektion zu lernen ist interessanter als eine Schelte einzustecken, allgemeinem Spott ausgesetzt zu sein, nach der Schule zu bleiben, entwürdigend schlechte Noten zu erhalten oder nicht befördert zu werden. Und sehr vieles von dem, was sich "Disziplin" nennt und sich rühmt, den Lehren einer sanften Pädagogik entgegenzutreten und das Banner von Anstrengung und Pflicht hochzuhalten, ist nicht mehr und nicht weniger als genau dieser Appell an das "Interesse" in seinem umgekehrten Aspekt - an die Angst, an die Abneigung gegen verschiedene Arten von körperlichen, sozialen und persönlichen Schmerzen. Der Gegenstand appelliert nicht, er kann nicht appellieren, er hat keinen Ursprung und keinen Bezug zu einer wachsenden Erfahrung. Der Appell richtet sich also an die tausend und eine äußere und irrelevante Instanz, die dazu dienen kann, den Geist durch bloße Abweisung und Abprall auf das Material zurückzuwerfen, von dem er ständig abschweift.

Die menschliche Natur neigt jedoch dazu, ihre Motivation eher im Angenehmen als im Unangenehmen zu suchen, eher im direkten Vergnügen als im alternativen Schmerz. So ist die moderne Theorie und Praxis des "Interessanten" im falschen Sinne dieses Begriffs entstanden. Das Material ist immer noch, soweit es um seine eigenen Eigenschaften geht, nur äußerlich ausgewähltes und formuliertes Material. Es ist immer noch nur so viel Geographie und Arithmetik und Grammatikstudium; nicht so viel Potential der kindlichen Erfahrung in Bezug auf Sprache, Erde und gezählte und gemessene Realität. Daher die Schwierigkeit, den Verstand darauf zu lenken; daher seine Abstoßung; die Tendenz, dass die Aufmerksamkeit abschweift; dass andere Handlungen und Bilder sich einmischen und die Lektion verdrängen. Der legitime Ausweg besteht darin, das Material umzuwandeln, es zu psychologisieren - das heißt, es noch einmal aufzugreifen und es im Rahmen des Lebens des Kindes zu entwickeln. Aber es ist leichter und einfacher, es so zu belassen, wie es ist, und dann durch einen methodischen Trick das Interesse *zu wecken*, es *interessant zu machen*, es mit Zuckerguss zu überziehen, seine Unfruchtbarkeit durch dazwischenliegendes und nicht verwandtes Material zu verbergen und schließlich das Kind sozusagen dazu zu bringen, den ungenießbaren Bissen zu schlucken und zu verdauen, während es gerade etwas ganz anderes schmeckt. Aber wehe, wenn der Vergleich hinkt! Die geistige Assimilation ist eine Sache des Bewusstseins; und wenn die Aufmerksamkeit nicht auf das eigentliche Material gerichtet war, wurde es nicht wahrgenommen und nicht in das Vermögen eingearbeitet.

Wie steht es also um den Fall Kind *gegen* Lehrplan? Wie soll das Urteil lauten? Der radikale Irrtum in den ursprünglichen Plädoyers, mit denen wir begonnen haben, ist die Annahme, dass wir keine andere Wahl haben, als das Kind entweder seiner eigenen ungeleiteten Spontaneität zu überlassen oder ihm von außen eine Richtung vorzugeben. Handeln ist Reagieren, ist Anpassen, ist Einstellen. So etwas wie reine Selbsttätigkeit ist nicht möglich, denn jede Aktivität findet in einem Medium statt, in einer Situation und in Bezug auf deren Bedingungen. Aber es ist auch nicht möglich, die Wahrheit von außen aufzudrängen, sie von außen einzufügen. Alles hängt von der Aktivität ab, die der Verstand selbst erfährt, wenn er auf das reagiert, was von außen präsentiert wird. Der Wert des formulierten Wissensschatzes, aus dem das Studium besteht, besteht darin, dass er den Erzieher in die Lage versetzt, die *Umgebung des Kindes zu bestimmen* und somit indirekt zu lenken. Sein primärer Wert, sein primärer Hinweis, ist für den Lehrer, nicht für das Kind. Sie sagt dem Erzieher: Dies und das sind die Fähigkeiten, die Erfüllungen in Wahrheit und Schönheit und Verhalten, die diesen Kindern offenstehen. Sorge nun dafür, dass die Bedingungen Tag für Tag so sind, dass sich *ihre eigenen Aktivitäten* unweigerlich in diese Richtung bewegen, zu einer solchen Kulmination ihrer selbst. Lasst die Natur des Kindes ihre eigene Bestimmung erfüllen, die sich euch in dem offenbart, was die Welt jetzt an Wissenschaft, Kunst und Industrie als ihr Eigentum betrachtet.

Es ist der Fall des Kindes. Es sind seine gegenwärtigen Kräfte, die sich behaupten müssen; seine gegenwärtigen Fähigkeiten, die ausgeübt werden müssen; seine gegenwärtigen Einstellungen, die verwirklicht werden müssen. Aber außer, dass der Lehrer den Ausdruck der Rasse, der in dem, was wir den Lehrplan nennen, verkörpert ist, kennt, weise und gründlich kennt, weiß der

Lehrer weder, was die gegenwärtige Kraft, Fähigkeit oder Einstellung ist, noch wie sie behauptet, ausgeübt und verwirklicht werden soll.